编委会主任／孙　谦　　编委会副主任／陈国庆　张志杰

刑事检察工作指导

2022年第2辑·总第14辑

主　编／张志杰
主　办／最高人民检察院第一、二、三、四检察厅

中国检察出版社

图书在版编目（CIP）数据

刑事检察工作指导 . 2022 年 . 第 2 辑 / 张志杰主编
. — 北京：中国检察出版社，2022.7
ISBN 978-7-5102-2766-0

Ⅰ . ①刑… Ⅱ . ①张… Ⅲ . ①刑事诉讼—研究—中国
Ⅳ . ① D925.204

中国版本图书馆 CIP 数据核字（2022）第 102371 号

刑事检察工作指导（2022 年第 2 辑）

张志杰　主编

责任编辑：王　欢
技术编辑：王英英
美术编辑：曹　晓

出版发行：	中国检察出版社
社　　址：	北京市石景山区香山南路 109 号（100144）
网　　址：	中国检察出版社（www.zgjccbs.com）
编辑电话：	（010）86423703
发行电话：	（010）86423726　86423727　86423728
	（010）86423730　86423732
经　　销：	新华书店
印　　刷：	河北宝昌佳彩印刷有限公司
开　　本：	710mm×960mm　16 开
印　　张：	15.5
字　　数：	183 千字
版　　次：	2022 年 7 月第一版　2022 年 7 月第一次印刷
书　　号：	ISBN 978-7-5102-2766-0
定　　价：	60.00 元

检察版图书，版权所有，侵权必究
如遇图书印装质量问题本社负责调换

《刑事检察工作指导》编委会

编委会主任：孙　谦
编委会副主任：陈国庆　张志杰
主　　　编：张志杰
副　主　编：苗生明　元　明　史卫忠　张晓津
编　　　委：聂建华　罗庆东　黄卫平　张建忠
　　　　　　施鹏鹏　韩晓峰　张希靖　刘太宗
　　　　　　王建平　程　雷

专家顾问：（按姓氏笔画排序）
　　　　　　卞建林　龙宗智　曲新久　阮齐林
　　　　　　孙长永　宋英辉　张明楷　张建伟
　　　　　　陈卫东　陈兴良

编辑部主任：周　颖　曹　东
执行编辑：肖先华　高锋志　俞启泳　陈希君
　　　　　　李　轩　任楚翘
编　　　务：刘怀远　杨鹏飞

《刑事检察工作指导》
特邀编辑

王　滨（北京）	刘致宏（天津）	刘　谨（河北）
王　方（山西）	陈雪梅（内蒙古）	龙海英（辽宁）
刘艳华（吉林）	任鸿亮（黑龙江）	张军英（上海）
柳慧敏（江苏）	何德辉（浙江）	张俊萍（安徽）
李　峻（福建）	吴海丽（江西）	许　勍（山东）
谷永清（河南）	刘克强（湖北）	祝雄鹰（湖南）
战　捷（广东）	戴丽萍（广西）	陈　翔（海南）
李光林（重庆）	林红宇（四川）	王红梅（贵州）
刘震乾（云南）	德　吉（西藏）	谭　鹏（陕西）
齐世萍（甘肃）	李长青（青海）	张万顺（宁夏）
高　峰（新疆）	刘广鸣（军检）	王宇鹏（兵团）

目 录

【本辑聚焦】

能动履职　相向而行　携手共筑职务犯罪案件质量共同体

边学文 / 003

监察机关与检察机关办案衔接难点问题解析　　　　史卫忠 / 014

【专家论坛】

刑法实务问题研究（二）
　　——刑民（行）关系与犯罪认定　　　　　　　周光权 / 027

【权威解读】

最高人民检察院"八号检察建议"解读

元　明　张建忠　郭竹梅　薛　慧 / 063

【案例指导】

检察机关贯彻少捕慎诉慎押刑事司法政策典型案例（第一批）　/ 075

以宽严相济为指导　依法充分准确适用少捕慎诉慎押刑事司法政策
　　——最高人民检察院第一检察厅负责人就检察机关贯彻少捕
　　慎诉慎押刑事司法政策典型案例（第一批）答记者问　　/ 089

检察机关依法惩治危害农资安全犯罪典型案例　　　　　　　　/ 099

依法惩治危害农资安全犯罪　服务保障国家农业生产和粮食安全
　　　　　　　　　　　　　　　　　　　王　健　吴　楠　杨　丽 / 108

检察机关打击治理电信网络诈骗及关联犯罪典型案例　　　　　/ 117

检察机关打击治理电信网络诈骗及关联犯罪典型案例解读
　　　　　　　　　　　　　　　　　　　　　　赵　玮　纪敬玲 / 149

检察机关依法办理民营企业职务侵占犯罪典型案例　　　　　　/ 163

检察机关依法办理民营企业职务侵占犯罪典型案例情况通报
　　　　　　　　　　　　　　　最高人民检察院第四检察厅负责人 / 188

行贿犯罪典型案例　　　　　　　　　　　　　　　　　　　　/ 191

【实务研究】

检察机关反恐维稳法治化常态化的实现路径　　许永强　王宏平 / 217

【法律人说】

能动司法的司法能动　　　　　　　　　　　　　　　余双彪 / 229

本辑聚焦

Benji Jujiao

本辑聚焦

能动履职　相向而行
携手共筑职务犯罪案件质量共同体[*]

边学文[**]

习近平总书记在十九届中央纪委六次全会上深刻指出，全面从严治党是新时代党的自我革命的伟大实践，开辟了百年大党自我革命的新境界。[①]在这场伟大实践中，纪检监察机关案件审理部门和检察机关职务犯罪检察部门都是重要的参与力量，共同肩负着推进全面从严治党、深入开展反腐败斗争的重大职责使命，面对新形势新任务新挑战，应当携手共进，加强衔接配合，完善制约机制，转变执法司法理念，与时俱进破解实践难题，更好服务反腐败工作大局。

一、强化政治引领，始终坚持正确方向

全面从严治党和反腐败斗争是党中央集中统一领导下的总体战、整体战、系统战。监察机关与检察机关应不断提高政治站位、保持政治定力、坚定政治方向、防范政治风险，从捍卫"两个确立"、践行"两个维护"的政治高度，同心同力、协同协作，确保党中央关于反腐

---

[*] 本文系作者于2022年5月18日在全国检察机关职务犯罪检察业务讲座上的授课内容，发表时有删节。
[**] 边学文，中央纪委国家监委案件审理室主任。
[①] 《坚持严的主基调不动摇 坚持不懈把全面从严治党向纵深推进》，载《人民日报》2022年1月19日，第1版。

败工作的重大决策部署落到实处。

（一）必须旗帜鲜明讲政治，实现讲政治和抓业务辩证统一

习近平总书记深刻指出，全面从严治党首先要从政治上看。办理职务犯罪案件政治性强、敏感性高，社会关注多，是一项十分严肃的政治工作，必须旗帜鲜明讲政治。在办理职务犯罪案件时，要不断提高政治判断力，深刻认识职务犯罪案件为什么政治性强；不断提高政治领悟力，深刻认识在案件办理中如何突出政治引领；不断提高政治执行力，深刻认识在办案中如何把落实政治要求摆在第一位。实践中，既要充分认识到，反腐败斗争已取得压倒性胜利并全面巩固，切实增强对中国特色反腐之路的制度自信；也要清醒认识到，反腐败斗争形势依然严峻复杂，必须把严的主基调长期坚持下去。监察机关与检察机关同为政治机关，要心怀"国之大者"，同向发力，自觉把办理职务犯罪案件放在党和国家工作大局中谋划推进，坚决贯彻落实习近平总书记重要指示批示和党中央重大决策部署。没有脱离业务的政治，也没有脱离政治的业务，讲政治是依法办案的行动指南，抓业务是讲政治的具体实践。要坚持从政治上看、从政治上办，善于发现案件背后的政治问题，深入剖析政治成因，准确揭示案件的政治影响和政治危害，切实把维护好党中央权威和集中统一领导落实到职务犯罪案件办理的全过程和各方面。办案中，监察机关案件审理部门与检察机关职务犯罪检察部门作为"关口"和"窗口"，更要共同提升专业素养和业务能力，坚决杜绝就案论案、机械办案，杜绝把讲政治和抓业务对立起来，善于用政治眼光思考问题，善于从大局出发看待分析问题，确保查办职务犯罪工作始终保持正确的方向、取得良好的效果、达到预期的目标。

（二）必须坚持实事求是，实现坚守底线和与时俱进辩证统一

实事求是是中国共产党人认识世界、改造世界的根本要求，是马克思主义的精髓和灵魂，也是我们党的思想路线。办理职务犯罪案件，就是在调查研究中寻求真相，从发现问题、收集证据、归纳事实、厘清真相、形成判断，到最终作出结论，都离不开实事求是这一原则方法。职务犯罪主体身份特殊，不同于一般的刑事案件，往往牵一发而动全身，不仅涉及当事人的政治生命和人身财产权利，还可能会对其所在部门、地区、行业、系统带来各种影响，关系到党在人民群众心中的形象，关系到社会公平正义。应坚持一切从实际出发，一是一、二是二，事实为上、证据为王，是什么问题就认定什么问题，属于什么性质就评价为什么性质，有一分证据说一分话，不强拉硬拽、不拔高凑数、不牵强附会。坚决防止"是非不分""颠倒黑白"等问题，严格依规依纪依法，共同筑牢案件质量关口，确保执法司法落实党中央要求不偏向、不变通、不走样。"法与时转则治"，在坚持真理、坚守法律底线的同时，监察机关与检察机关应当在依法独立公正行使权力的同时，不断与时俱进、加强配合，共同有效应对职务犯罪手段隐蔽化、行为表象合法化、多种犯罪交织、对抗性增强的新形态，突破传统调查、审理、审查起诉模式，摒弃惯性思维，完善刑事审判标准下的监察机关调查取证、证据审核与检察机关证据审查认定的相互衔接，共同提高职务犯罪案件查办质量，确保案件经得起实践、历史和人民的检验。

二、强化使命担当，准确把握目标任务

确保职务犯罪案件办理高质高效，有力惩治各类腐败问题，是监察机关与检察机关共同的目标任务。要紧紧围绕党中央关于全面从严

治党和反腐败工作部署开展工作，共同致力于实现一体推进"不敢腐、不能腐、不想腐"的战略目标。

（一）坚定不移推进反腐败斗争

习近平总书记反复强调，作风建设永远在路上，党风廉政建设和反腐败斗争永远在路上，全面从严治党永远在路上。国家监察体制改革以来，监察机关与检察机关坚决贯彻落实习近平总书记重要指示批示和党中央重大决策部署，自觉肩负起在党的自我革命中的职责使命，严格依法办案，及时有效惩处各类腐败问题，不断过滤"杂质"、清除"毒素"、割除"毒瘤"，进一步纯洁了党的队伍，维护了党的肌体健康。在推进党的自我革命新的伟大实践中，监察机关与检察机关应忠诚履职尽责，以永远在路上的清醒和坚定，坚持严的主基调不动摇，保持反对和惩治腐败的强大力量常在，坚定不移把全面从严治党向纵深推进。既要看到重大案件背后政治问题和经济问题相互交织、利益关系盘根错节、权力与资本"结盟""勾连"等特点，深挖其中影响政权稳定、经济安全、国家安全的问题，又要对发生在人民群众身边的"蚁腐蝇贪""小官巨贪"等问题毫不手软，不断增强人民群众的获得感、幸福感、安全感，巩固党长期执政的根基。应紧紧围绕党和国家工作大局，准确理解把握党中央政策的精神实质，与办案工作和正在做的事情紧密结合起来，创造性贯彻落实，对特殊敏感和重点行业领域的案件，在不起诉、适用认罪认罚从宽制度、重大事实情节变更以及文书公开、案件信息发布等方面加强沟通协调，充分保证案件办理取得良好效果。

（二）切实保障和提高案件质量

党的十九大以来，中央纪委国家监委持续强调要"推进新时代纪检监察工作高质量发展"。最高人民检察院就做好2022年职务犯罪检察工作,也强调要做实"质量建设年"各项举措,不断推进职务犯罪检察工作高质量发展。案件审理部门和职务犯罪检察部门更要深刻认识到高质量发展是新时代的主题,而案件办理的高质量则是题中之义,要立足各自职能职责,牢固树立质量意识,发现问题及时报告和纠正,努力守住"关口"、把牢"出口",共同肩负起保障和提高案件质量的职责使命。应坚持系统观念,着力提高业务指导的深度、广度、精度,聚焦执法司法中的深层次问题,加强调查研究,创新指导方式,传导执法司法的新理念新标准新要求,及时解决实践中的疑难问题。建立健全监检协作机制,通过共同开展职务犯罪案件质量评查、发布典型案例、联合出版业务书籍,共同提升办理职务犯罪案件的能力水平。继续深化拓展业务交流方式,推动"同堂培训"常态化,加强对办理职务犯罪案件疑难问题的会商、研讨和论证,树牢案件质量共同体意识,共同推进办案质效提升。

三、强化配合制约,构建良性监检关系

国家监察体制改革构建了一个新的国家权力结构格局。宪法和监察法都明确规定,监察机关办理职务违法和职务犯罪案件,应当与检察机关互相配合、互相制约。互相配合、互相制约是辩证统一的有机整体。只谈配合不讲制约,配合就失去了立场;只讲制约不讲配合,制约就失去了意义。案件审理部门和职务犯罪检察部门应坚持配合与制约相统一,确保监察执法与刑事司法衔接(以下简称法法衔接)顺畅高效。

(一)深化互相配合是核心要义

宪法对于监察机关与检察机关的关系定位,首要的表述是互相配合,这体现了党和国家对监察机关与检察机关形成反腐败工作合力的

要求和期望。国家监察体制改革以来，监察机关与检察机关积极主动探索，全面总结经验，单独或者联合出台多项规章制度，完成了立梁架柱、夯基垒台，努力推动建立权威高效、衔接顺畅的法法衔接机制。应认真落实好2021年国家监察委员会、最高人民法院、最高人民检察院、公安部联合印发的《关于加强和完善监察执法与刑事司法衔接机制的意见（试行）》，将法法衔接工作放在推进国家治理能力和治理体系现代化的大局中谋划，及时关注工作中遇到的新情况新问题，共同研究提出务实管用的方法对策。坚持协调有序、配合有方，经常把办案理念、标准、要求放到一起比较，努力减少分歧，达成更多共识，推动执法司法理念、标准贯通融合。建立健全办理职务犯罪案件沟通联络机制，对特殊案件可以商请检察机关提前介入，对案件中的重大争议问题，及时通过会商、论证等方式研究解决；移送案件时全面客观介绍案情，对相关涉案人员不移送司法处理的要及时作出说明，帮助检察机关全面了解案件情况；定期通报不起诉、退回补充调查等情况，重大案件结案后可以共同"复盘"案件办理各环节的经验和教训，促进共同提升、共同进步。

（二）深化互相制约是必然要求

深化互相制约，是一种更高层次的配合，是实现目标任务的必然要求。监察机关将认定的事实与意见移送审查起诉，实质上也是将案件交由司法机关进行再次检验，是接受监督的过程。通过审查起诉这道把关程序，可以避免先入为主、有效查漏补缺，从而更好地保障和提高案件质量。当前，对接受监督制约还有一些不正确认识，不同程度地存在配合有余而制约不足的问题。比如，个别地方监委办案部门对检察机关提出的补证意见不重视、不采纳，甚至自设条件要求不退查；有的部门不允许司法机关调整事实、变更数额、改变定性。此外，仍有极个别地方追求"零不诉""零无罪"等不符合法治精神和司法规律的目标。与此同时，有的办案检察官习惯于当"二传手"，工作标准不高、要求不严，认为有法院在后边兜底，对案件质量隐患问题不愿提，仅满足于能作出有罪判决、事实认定不至于影响量刑降档即可，导致制约职责履行"偏软"。工作中，案件审理部门和职务犯罪检察部门应杜绝这些错误做法，树立正确的执法司法政绩观，支持对方依法履行职责，确保职务犯罪案件高质量办理。

四、强化法治思维，严格依法规范办案

推进反腐败工作规范化、法治化、正规化，是党中央提出的明确要求。纪检监察机关案件审理部门与职务犯罪检察部门应恪守权力边界，切实增强法治意识、程序意识、证据意识，把法治思维和法治方式贯穿于办理案件全过程，确保案件"查得实、诉得出、判得了"，实现政治效果、法律效果和社会效果的有机统一。

（一）坚持以刑事法律为准绳的犯罪认定标准

准确惩治职务犯罪，监察机关与检察机关要共同遵循一致的刑法认定标准，使用同一把尺子。在认定犯罪事实和性质方面，准确把握罪与非罪界限，正确区分此罪与彼罪，一罪与数罪，切实贯彻罪刑法定、疑罪从无和证据裁判原则。正确理解法律规定的基本原理，立足案件事实证据作出判断和处理，做到"一把法律尺子量到底"。特别是新形势下，针对当前金融领域乱象丛生、国有企业"靠企吃企"等突出问题，系统梳理法律适用难题，及时提出指导意见，出政策、出标准、出规范，严肃惩治国有企业管理人员和金融领域公职人员职务犯罪案件，推动重点领域堵塞漏洞、完善制度、提升治理水平。全面理解刑法条文规定，积极探索不常见职务犯罪罪名的实践应用，不仅通过依法充分履行惩处犯罪职责，校正国家公职人员职务行为，及时有力震慑违法犯罪行为，还要通过立规矩、划底线、亮红灯，充分发挥案件标本兼治的综合效应，织密惩治各类职务犯罪的法网。要充分认识监察机关开展调查工作的权力边界，克服"以数额论英雄"的思维观念，摆脱对传统办案模式的路径依赖，精准把握部分罪名与违纪违法的竞合问题，防止不当"出罪"问题。推动理论界和实务部门深化对职务犯罪罪名的研究，及时把理论成果、实践经验提炼转化为法律制度规范，适时联合最高法、最高检发布监察司法解释性文件，为完善刑事立法司法作出贡献。

（二）严格落实以审判为中心的证据标准

监察法明确规定，监察机关在收集、固定、审查、运用证据时，应当与刑事审判关于证据的要求和标准相一致。无论是监察机关履行调查处置工作职责，还是检察机关承担指控证明犯罪主导责任，都要以事实为根据，以法律为准绳。刑事诉讼以审判为中心，就是要以庭审为中心，以证据为中心。职务犯罪的审理和公诉部门在审核和追诉指控犯罪活动中，必须树立案件质量共同体意识，把庭审的需要向前延伸，引导依法、规范、全面、客观收集证据，做到严格审核把关与巩固监察调查成果相统一。应深刻认识职务犯罪案件的取证特点规律，准确把握非法证据的范围和认定标准，严格审慎适用非法证据排除程序。职务犯罪案件特别是贿赂犯罪案件对言词证据依赖性较高，在讯问和询问过程中往往需要运用一定的策略和方法，须正确区分调查策略与诱骗方法，不能简单地把在思想政治教育、释法说理等工作中，依照有关规定给予被调查人政策出路的工作认定为"引诱""欺骗"。同时，监察机关办案人员要树立法庭意识，以庭审需要为目标导向，立足案件基本事实，严格依照刑事诉讼法、监察法实施条例等规定调查取证，获取被调查人供述或者证人证言时，不作不切实际、违反法律规定的承诺。

五、强化守正创新，勇于善于破解实践难题

当前，腐败与反腐败较量还在激烈进行，并呈现出一些新的阶段性特征。正所谓，形势决定任务。案件审理部门和职务犯罪检察部门必须清醒认识到反腐败永无止境，须坚持问题导向，深入研究当前腐败方式、特征和表现，共同提高审查和认定新题难题的能力。

（一）着力提升应对职务犯罪新动向新问题的能力

实践表明，随着反腐败斗争不断深入，贪腐分子往往层层设防、步步设计，为犯罪行为披上貌似合法的市场外衣，像设计金融产品一样设计犯罪手法，比照着犯罪构成要件规避查处，贪腐手段花样不断翻新、方式更加隐蔽，"放贷牟利""期权腐败""隐形持股""出资购股""虚假交易""离职补偿"等各种腐败形式层出不穷，呈现出隐蔽性、复杂性、专业性、高智能性、兑现延时性、境内外交织等特点。虽然赤裸裸的金钱交易少了，但涉案金额和社会危害往往巨大。近年来，在办理职务犯罪案件过程中，也遇到了许多需要两家共同研究解决的问题。比如，对金融国企领域较为突出的"政商旋转门""影子股东"问题，如何运用刑法评价？离职的国家工作人员承诺为他人谋利能否定罪？"行贿人代持型"受贿犯罪如何认定既遂未遂形态？对收受即将上市的原始股行为，如何计算受贿数额？通过获取商业机会接受利益输送，哪些情形可以认定为犯罪？领导干部在职时为他人谋利而亲属收受财物，本人退休后才知情的，是否构成受贿罪……面对这些新问题，两家应坚持同题共答，不轻易说"不"，而善于说"行"。坚持首先从政治上看问题，始终站在保持平稳健康的经济环境、风清气正的政治环境、国泰民安的社会环境的高度，深入分析新型腐败问题的社会危害性、依法惩处的充分必要性、认定构成犯罪的实质合理性。应保持对隐形变异腐败行为的敏锐性和洞察力，认真分析各类腐败问题的新表现、新特点，提高透过表象看本质的能力，加强理论阐释，克服经验主义，运用新理念新思维新方法有效应对新动向、解决新问题，有力提升惩处各类腐败问题的能力。

（二）注重把握立法精神，善于解释、运用法律

马克思曾指出，"法官的责任就是当法律运用到个别场合时，根据他对法律的诚挚理解去解释法律"。[①] 监察机关和检察机关在办案过程中，也要基于正义、基于对法律诚挚的理解去解释法律，准确把握法律的基本原则和价值追求，深刻理解其中蕴含的政治要义和法益原则，立足文义解释、用好体系解释、善用目的解释，通过科学合理的法律解释有效指导办案，积极破解理论和实践难题。比如，在办理违法发放贷款犯罪案件中，对违反"国家规定"如何理解，就需要结合1996年中国人民银行发布的《贷款通则》、2010年中国银行业监督管理委员会发布的《流动资金贷款管理暂行办法》等对信贷业务具体流程和工作要求的规定，立足法律规范的整体性和内在逻辑一致性作出合理解释。实践中还应注意，司法解释或者司法解释性文件多数是基于当时的历史背景和现实情况，立足解决当时面临的问题，既不可能穷尽当时的所有问题，也不可能完全预见未来可能出现的新情况，具有局限性和滞后性。应避免遇到新情况，没有司法解释就不会办案的现象，防止产生过于依赖法条、机械执法司法的情况。比如，不实际工作而领取薪酬，即"挂名领薪"问题，2007年"两高"印发的《关于办理

[①] 张志铭：《法律解释学大有可为》，载《人民日报》2016年3月28日，第16版。

受贿刑事案件适用法律若干问题的意见》明确规定以受贿论处。但对于实际工作而领取薪酬明显高于正常水平的行为，即"超额领薪"问题，虽然相关司法解释没有作出规定，但这并不意味着不能认定为受贿犯罪，而应从是否具有贿赂犯罪权钱交易的本质特征出发，准确认定"超额领薪"的性质。面对各种表现形式的职务犯罪案件，监察机关与检察机关必须紧跟时代发展，善于从立法本意、实现正义出发解释法律，依法运用刑法武器予以有效打击，充分释放法律的惩治震慑功能。

习近平总书记指出，我们党历经百年，成就辉煌，党内党外、国内国外赞扬声很多。越是这样越要发扬自我革命精神，千万不能在一片喝彩声中迷失自我。面对四个"任重道远"，作为反腐败斗争的主力军，监察机关与检察机关要坚决扛起政治责任，忠实履行职责，勇于担当、主动作为，高质高效推进案件办理，为反腐败斗争取得新胜利作出新的更大贡献。

监察机关与检察机关办案衔接难点问题解析

史卫忠[*]

国家监察体制改革以来，全国各级检察机关自觉坚持党对反腐败工作的绝对领导，依法履行好新时代赋予的职务犯罪检察职能，目前已形成了上下一体、内部协调、横向协作、整体统筹的职务犯罪检察工作新机制，为检察机关在反腐败斗争中发挥应有职能作用提供了组织保障。同时，检察机关坚持以宪法、监察法确立的互相配合、互相制约原则为根本遵循，高度重视与纪检监察机关的沟通，适时将意见一致的成熟做法制度化、规范化，2020年国家监察委员会、最高人民法院、最高人民检察院、公安部联合印发了《关于加强和完善监察执法与刑事司法衔接机制的意见（试行）》，对管辖、证据、留置与强制措施、移送起诉、审查起诉等各环节衔接工作予以规范，为建立权威高效、衔接顺畅的衔接机制，推进监察机关与检察机关在办案中实现有序配合、有效制约提供了制度遵循。笔者结合司法实践，解读监察机关与检察机关办案衔接中的重要措施和难点问题。

一、职务犯罪职能管辖分工与衔接

职能管辖又称立案管辖，是指监察机关、检察机关、公安机关在

---

[*] 史卫忠，最高人民检察院检察委员会委员，第三检察厅厅长，一级高级检察官，法学博士。

查办刑事案件立案上的分工。监察法规定监察机关对涉嫌贪污贿赂、滥用职权、玩忽职守、权力寻租、利益输送、徇私舞弊以及浪费国家资财等职务违法和职务犯罪进行调查。刑事诉讼法规定，检察机关在对诉讼活动实行法律监督中发现的司法工作人员利用职权实施的非法拘禁、刑讯逼供、非法搜查等14个侵犯公民权利、损害司法公正的犯罪，可以立案侦查；公安机关则管辖监察机关、检察机关职能管辖范围以外的普通刑事案件。由于监察机关调查管辖和检察机关、公安机关侦查管辖范围存在部分交叉和重合，司法实践中厘清职能管辖界限，明确管辖优先次序，对依法查办职务犯罪案件，减少管辖争议，推动后续司法程序有序开展具有积极意义。

（一）监察机关调查管辖范围

按照管辖罪名划分，监察机关有权管辖共计101个罪名。根据监察法等相关规定，监察机关对六大类88个罪名具有管辖权，2021年9月20日国家监察委员会发布的《监察法实施条例》又进行了补充和调整，其中增加了刑法第134条之一的危险作业罪，司法工作人员以外的公职人员利用职权实施的非法拘禁罪、虐待被监管人罪、非法搜查罪，即共计92个罪名。此外，监察机关对国家公职人员利用职权实施的非法拘禁、刑讯逼供、虐待被监管人、非法搜查、徇私枉法等侵犯公民权利、损害司法公正的14个罪名具有管辖权。由于该14个罪名与前述92个罪名中均有滥用职权罪、玩忽职守罪、非法拘禁罪、虐待被监管人罪、非法搜查罪，因此核减重复的5个罪名后，监察机关职能管辖罪名共计101个。

按照管辖属性划分，可将监察机关管辖罪名分为专属管辖和交叉管辖。专属管辖主要包括刑法第八章贪污贿赂罪、第九章渎职罪规定的罪名，以及相关章节中仅由国家工作人员构成的犯罪。交叉管辖主要指监察机关、检察机关、公安机关均可管辖的罪名,如监察机关和公安机关均能管辖重大责任事故罪、职务侵占罪等,监察机关和检察机关均能管辖虐待被监管人罪、非法搜查罪等。在区分监察机关和公安机关职能管辖时,关键要审查把握涉罪人员是否属于公职人员,是否在行使公权力过程中实施犯罪,对公职人员在行使公权力过程中实施的犯罪,应由监察机关管辖,其他犯罪由公安机关管辖。

(二)检察机关侦查管辖范围

检察机关在对诉讼活动实行法律监督中发现的司法工作人员利用职权实施的非法拘禁、刑讯逼供、非法搜查等侵犯公民权利、损害司法公正的犯罪可以立案侦查,共包括14个罪名。此类犯罪主要有以下特点:一是犯罪主体限于司法工作人员。根据刑法第94条规定,司法工作人员,是指有侦查、检察、审判、监管职责的工作人员;二是犯罪行为限于发生在司法活动中;三是犯罪手段表现为在司法活动中"利用职权实施";四是犯罪客体为侵犯公民合法权利和损害司法公正。

(三)监察管辖和检察管辖的竞合和优先次序

所谓管辖竞合,是指由于监察机关对检察机关侦查管辖的14个罪名有调查管辖权,实践中会产生两个机关对此类职务犯罪案件均有管辖权的情况。从法律职能配置初衷来看,检察机关的侦查管辖权是对诉讼活动实行法律监督的重要体现和保障,其和监察管辖具有特殊和一般的关系,对不涉及贪污贿赂等监察机关管辖的其他职务犯罪,一般由检察机关立案侦查,必要时,监察机关也可以立案调查。当然,由于监察机关职务犯罪监察全覆盖的职能属性以及监察管辖部分罪名的专属性和排他性,检察机关在查办案件过程中,发现犯罪嫌疑人还涉嫌监察机关管辖的贪污贿赂等职务犯罪的,应当及时与监察机关沟通。沟通后分情况予以处理,或者全案由监察机关管辖,或者分别管辖。分别管辖的，一般以监察机关为主调查，检察机关予以协助。

（四）互涉案件管辖中监察机关"为主调查"原则

由于调查管辖、侦查管辖权主体不同，实践中相关机关按照法定分工进行调查、侦查时，可能涉及对方管辖的案件，如被调查人（犯罪嫌疑人）同时涉嫌贪污罪、故意伤害罪，分别由监察机关、公安机关查办的情况。不同于刑事诉讼中传统的"随主罪确定为主侦查"原则，监察法确立了互涉案件一般由监察机关"为主调查"的原则，这主要是考虑到监察权行使的特殊性和查办反腐败案件的实践需要。这里的"为主调查"并不是"一并调查"，监察机关不能一并办理其职能管辖范围以外的刑事案件，而是指在办理互涉案件中，由监察机关为主协调调查和侦查进度、协商重要调查和侦查措施使用等。而且，实践中存在监察机关为主调查的例外情况，对于普通刑事案件重大疑难，而职务犯罪案件轻微简单等不适宜由监察机关为主调查的情况，由监察机关和其他机关分别依照法定职责开展工作并加强沟通协作。

二、调查管辖、司法管辖的衔接与配合

调查管辖和司法管辖的地域管辖、级别管辖原则均不同，调查管辖主要依据干部管理权限确定调查机关，实行分级负责制；而司法管辖依据犯罪地、犯罪嫌疑人居住地确定地域管辖，按照审级管辖原则确定审查起诉检察机关的级别。这就造成监察机关按照调查管辖规定查办的案件，其本地同级司法机关可能没有法定管辖权，需要办理指定司法管辖。而具有司法管辖权是检察机关依法受理案件和适用刑事强制措施的前提。因此，及时办理好司法指定管辖，才能使调查程序和刑事诉讼程序顺利衔接，确保审查起诉和审判工作正常推进。

（一）商请指定管辖的方式

对于上级监察机关指定调查的职务犯罪案件，一般采取先纵后横的方式办理商请指定管辖，即由立案调查的监察机关逐级报请指定其调查的上级监察机关后，由上级监察机关商请同级检察机关办理指定管辖；对于其他职务犯罪案件，一般采取先横后纵的办理方式，即由立案调查的监察机关直接商请同级检察机关，由该检察院逐级报请上级检察院办理指定管辖。

（二）注意审查监察机关是否有调查管辖权

司法机关办理起诉、审判管辖时，应当审查监察机关对案件是否具有管辖权，包括依法具有管辖权和被指定调查两种情况。

（三）主案和关联案件应分别办理指定管辖

根据刑事诉讼法规定，管辖的效力只能及于因某一犯罪行为而产生的具体案件，不能延伸至其他自然人。因此，对于指定司法管辖的职务犯罪案件，在审查起诉、审判过程中，需要追加犯罪嫌疑人、被告人的，监察机关应当再次商请检察机关办理指定管辖手续。但是，监察机关仅需要补充移送起诉犯罪事实的，可以直接移送原受理移送起诉的检察机关，无须再办理指定管辖。

三、刑事强制措施的衔接和适用

留置措施是监察机关调查措施之一，也是调查阶段限制人身自由的唯一措施。而刑事强制措施中除逮捕、拘留以外，还存在取保候审、监视居住等限制人身自由的过渡性措施。对于监察机关移送起诉的职务犯罪案件，存在留置或未留置两种情形，检察机关在适用刑事强制措施时，既要依法规范，也要充分考虑犯罪严重程度和犯罪嫌疑人的人身危险性等因素，以确保各项措施衔接有序、符合诉讼规律。

（一）留置案件刑事强制措施的衔接

刑事诉讼法第 170 条第 2 款对监察机关移送起诉案件的强制措施衔接作出了原则性规定，2019 年最高检《人民检察院刑事诉讼规则》第六章第六节又完善和细化了执行拘留、审查采取强制措施、告知权利和通知家属、期限计算等内容。实践中，需要注意以下几个问题：

一是先行拘留与留置措施的关系。先行拘留不同于刑事诉讼法第 82 条规定的公安机关对现行犯或者重大嫌疑分子的"先行拘留"，也有别于一般意义上拘留的概念。先行拘留是衔接留置措施的唯一的、过渡性的强制措施，检察机关在适用时无须进行实体审查，对于监察机关移送起诉的已采取留置措施的案件，一律以先行拘留措施对接。这是因为检察机关在正式审查采取何种刑事强制措施之前，需要时间对羁押必要性等进行综合审查判断，同时在程序上要和监察机关进行对接。因此，先行拘留措施更多地带有监检过渡的色彩，是强制措施衔接机制中的"衔接"所在。

二是先行拘留与后续刑事强制措施适用的关系。检察机关在先行拘留后，应针对刑事强制措施履行司法审查判断职责，即从案件事实、法律适用、人身危险性、认罪认罚等方面依法开展羁押必要性审查，不能因为对犯罪嫌疑人先行拘留，就当然地适用逮捕强制措施。但从司法实践来看，留置即逮捕的现象仍十分明显，这意味着羁押必要性审查职能发挥不够充分，有待加强。

三是公安机关是先行拘留的执行机关。根据刑事诉讼法规定，拘留、逮捕强制措施由公安机关负责执行。对于先行拘留，公安机关是法定的执行主体，其应当在收到拘留决定书等材料后 3 日内执行拘留，并在执行拘留后立即将犯罪嫌疑人送看守所羁押，至迟不得超过 24 小时。实践中还存在已采取留置措施的被调查人因身体等原因既不符合监管场所羁押条件，又不具备送往有医疗条件的监管场所羁押的情形，此种情况可能影响刑事强制措施的执行。根据前述的只能由先行拘留对接留置措施的原则，检察机关不能直接采取取保候审等非羁押性强制措施，只能在公安机关执行拘留后，及时变更刑事强制措施。

四是犯罪嫌疑人何时享有辩护权的问题。对于审查采取刑事强制措施的阶段性质曾存在认识分歧，有观点认为，先行拘留后检察机关决定采取刑事强制措施的期间，不属于审查起诉阶段，不应允许律师会见，正式进入审查起诉阶段后才允许会见。也有观点认为，审查决定采取刑事强制措施不是审查起诉之外的独立阶段或特别程序，而是审查起诉阶段内的一个刑事强制措施适用环节，且律师在此阶段介入有助于检察机关全面、客观审查羁押必要性。《人民检察院刑事诉讼规则》采纳了后一种意见，监察机关移送起诉后，案件即由监察调查进入刑事诉讼程序，应当依法保障犯罪嫌疑人的辩护权。

（二）未留置案件刑事强制措施的衔接

对于监察机关移送起诉的未采取留置措施的案件，检察机关受理后，在审查起诉过程中根据案件情况，可以依照相关规定决定是否采取逮捕、取保候审或者监视居住强制措施。需要明确的是：

一是对于未留置案件，不能适用先行拘留。刑事诉讼法作为授权型立法，对于未明确赋予司法机关的权力，不能认为司法机关享有该项权力。尤其是先行拘留还涉及限制人身自由，更不允许在没有法律明确规定的情况下直接适用。

二是审查起诉期限何时开始计算的问题。对于监察机关未采取留置措施的案件，由于法律未给检察机关设置审查采取刑事强制措施的专门时间，实践中有观点认为，可以参照《人民检察院刑事诉讼规则》第143条第2款"人民检察院决定采取强制措施的期间不计入审查起诉期限"的规定，从检察机关审查决定采取强制措施之日起计算审查起诉期限。我们认为，该条款针对的是监察机关采取留置措施的案件，对未留置案件，从保障当事人合法权益和规范检察机关职权行使的角度出发，应从检察机关受理案件之日起计算审查起诉期限，避免实践中出现检察机关受理案件后长时间不作出强制措施决定，导致案件审限无法起算的情况。

（三）互涉案件中留置和刑事强制措施的转换

在办理互涉案件过程中，存在留置和强制措施转换的问题，如犯罪嫌疑人被检察机关、公安机关拘留、逮捕后，监察机关为调查职务犯罪，需要采取留置措施的情况。对于刑事强制措施与留置能否转换，转换后刑事强制措施属于中止抑或解除状态，以及解除留置后检察机关、公安机关侦查尚未终结的，原刑事强制措施能否继续适用等问题，实践中长期存在困惑。我们认为，在查办职务犯罪的层面上，留置措施具有与刑事强制措施基本相同的性质。基于强制措施之间具有互斥性，不能对同一人叠加适用，尤其是具有羁押属性的强制措施，在适用时更应依法、审慎。因此，留置措施和刑事强制措施之间同样具有互斥性，不能同时适用。在处理互涉案件中留置和强制措施的转换问题时，应当把握以下几点：

首先，刑事强制措施可以依法转换为留置措施。监察机关对互涉案件中已被采取刑事强制措施的犯罪嫌疑人采取留置措施时，刑事强制措施已不具有继续存在的法理依据，也不具备执行的现实可能性，应当主动解除或自动解除。监察机关采取留置措施期满或者解除留置措施后，重新将犯罪嫌疑人移交检察机关、公安机关继续侦查，对于符合法定条件的，检察机关、公安机关可以继续拘留、逮捕犯罪嫌疑人，并依法办理有关手续，此前已采取的刑事强制措施时间计入本次同类刑事强制措施羁押时间。

其次，留置措施可以依法转换为刑事强制措施。对监察机关已采取留置措施的案件，发现被调查人还涉及检察机关、公安机关管辖的犯罪，经沟通一致，在监察机关依法解除留置措施后，检察机关、公安机关可以依法采取刑事强制措施。

最后，检察机关应当加强互涉案件中强制措施的衔接。对于互涉案件中依法将留置措施转换为强制措施的，在调查、侦查终结后一般分别移送起诉，监察机关负责统筹协调移送起诉工作进度。检察机关应当妥善处理好强制措施的衔接，如果公安机关采取的是拘留、监视居住或取保候审措施，则检察机关不能以先行拘留对接，应当及时审查作出监视居住、取保候审或者逮捕决定；如果在公安侦查阶段，检察机关已对犯罪嫌疑人审查批准逮捕的，检察机关受理案件后应及时办理换押手续。

四、健全和完善职务犯罪案件补查体系

退回补充调查、补证和自行补充侦查构建了职务犯罪案件补查体系，对检察机关完善以证据为核心的指控体系，履行证明犯罪责任，提升职务犯罪案件办理质效具有重要意义。在运用各项补查制度时，要充分考虑监察调查权的专属性和完整性，准确把握适用条件，注意各项措施之间的衔接关系，更好地发挥检察机关配合和制约职能。

（一）明确三种补查措施的适用条件

退回补充调查、补证和自行补充侦查措施在实践中并非无差别适用，适用条件根据审查阶段和补查内容的不同而存在差异。一般而言，对于检察机关审查认为犯罪事实不清、证据不足的，经与监察机关沟通协商后可以退回补充调查；对于主要犯罪事实已经查清，仍有部分

证据需要补充完善的，可以书面要求监察机关补证。而自行补充侦查主要限于《人民检察院刑事诉讼规则》第344条规定的三种情形。

（二）准确把握自行补充侦查的范围

职务犯罪案件自行补充侦查权是检察机关履行指控犯罪职责、实现与监察机关相互制约的一项措施，适用时要坚持依法规范、必要适度、及时高效的原则。对证人证言、犯罪嫌疑人供述和辩解的内容主要情节一致，个别情节不一致，或者物证、书证等证据材料需要补充鉴定的，检察机关可以自行补充侦查；对其他由检察机关查证更为便利、更有效率、更有利于查清案件事实的情形，检察机关应事先与监察机关沟通一致后，开展自行补充侦查，并争取监察机关的协同支持。对于可能影响职务犯罪基本事实和性质认定，或者可能对量刑产生重大影响的问题，需要补充完善证据的，应当商请监察机关补证或者退回补充调查，不适用自行补充侦查。

（三）注意提前介入和补查的动态关系

实践表明，提前介入工作状况直接影响着移送起诉后案件办理质效和退回补充调查比例，检察机关应与监察机关一道，充分发挥提前介入工作的功能价值，向前传导刑事证据标准，促进依法客观、全面收集证据，切实提升审查起诉阶段办案质效。

专家论坛
Zhuanjia Luntan

刑法实务问题研究（二）
——刑民（行）关系与犯罪认定

周光权[*]

要 目

骗取贷款罪中的"给金融机构造成损失"
骗取贷款罪的"有其他特别严重情节"
第三人履行合同与挪用资金罪
擅自转移、变更股权不构成职务侵占罪
挂靠施工、工程转包纠纷与财产犯罪
串通投标罪的实质限定
串通拍卖或竞买不构成串通投标罪
医疗侵权行为与推定的被害人承诺
交易习惯与合同诈骗罪的否定

骗取贷款罪中的"给金融机构造成损失"

众所周知，骗取贷款罪是悬在不少民营企业家头上的一把利剑。该罪为2006年刑法修正案（六）第10条所增设，即在刑法第175条后增加一条，作为刑法第175条之一：以欺骗手段取得银行或者其他金

---

[*] 周光权，清华大学法学院教授。

融机构贷款，给银行或者其他金融机构造成重大损失或者有其他严重情节的，予以定罪处刑。按照该规定，本罪的定罪起点为：骗取贷款行为给银行或者其他金融机构造成重大损失或者"有其他严重情节"。

对于本罪的立案标准，2010年5月7日，最高人民检察院、公安部《关于公安机关管辖的刑事案件立案追诉标准的规定（二）》第27条规定，以欺骗手段取得银行或者其他金融机构贷款，数额在100万元以上的，或者给银行或者其他金融机构造成直接经济损失数额在20万元以上的，应当予以立案。[①] 但是，对于"其他严重情节"，司法解释未作其他明确列举，由此造成实践中对"其他严重情节"的理解存在很大偏差，使入罪范围过宽，有的民营企业家因此涉罪。

针对这种状况，刑法修正案（十一）第11条对本罪的入罪门槛予以提高，删去了刑法第175条之一原来的"或者有其他严重情节"的规定，刑法仅处罚以欺骗手段获取贷款，给金融机构造成重大损失的行为。如此一来，贷款中的民事欺诈、违约行为与骗取贷款罪的关系更为清晰，有助于为民营企业家"减负"。

在刑法修正案（十一）对本罪作出修改后，在实务中如何理解给金融机构造成重大损失的含义，就是较为要紧的问题。

第一，认定金融机构的重大损失以被告人实施欺骗行为为前提，即只能在与被告人的欺骗行为相关联的意义上理解金融机构的损失。

在有的案件中，确实存在金融机构贷款无法收回的情形，但是如果这一损失不是由行为人的骗取行为所造成的，该损失就不属于本罪

[①] 2022年4月6日，最高人民检察院、公安部《关于公安机关管辖的刑事案件立案追诉标准的规定（二）》第22条规定，以欺骗手段取得银行或者其他金融机构贷款，给银行或者其他金融机构造成直接经济损失数额在50万元以上的，应予立案追诉。——编者注

的保护范围。因此，这里的金融机构损失必须是由构成要件行为所造成的。换言之，要准确认定损失就必须正确理解"以欺骗手段"取得贷款的含义。对于这里的欺骗手段，不能理解得过于宽泛，必须是就"重要事项"的欺骗，否则，其行为就不可能给金融机构造成损失。因此，应当将本罪的欺骗手段限于可能严重影响银行对借款人资信状况，特别是还款能力加以判断的实质性事项，就这类事项进行欺骗才会影响金融机构放贷时的自由决策，如果金融机构知晓相关真实情况，就会基于风险控制等考虑而不予发放贷款。说到底，只有在行为人编造涉及抵押物价值、资信证明等虚假材料，导致金融机构高估其还款能力时，才可以认为行为人使用了"欺骗手段"。

在实务中，如果具有以下情形之一的，即便贷款最终无法收回，也不能认为被告人实施了欺骗行为，或者金融机构工作人员因为被欺骗而陷入错误，不宜得出有罪结论，金融机构应当依照客观归责论的法理对相关风险自我负责：（1）在银行工作人员授意、帮助、指点之下所进行的贷款行为，即便贷款资料、资金用途等均不真实，行为人也不存在欺骗行为。（2）金融机构工作人员已识破贷款人的骗局，但基于完成放贷指标或其他方面的利益考量，仍坚持放贷的，行为人不是因为欺骗手段获取贷款，金融机构工作人员也谈不上被欺骗后发放贷款。（3）在"借新还旧"的场合，放贷的金融机构事实上指定了资金用途为"还旧账"，由此造成了（金融机构知情的）借款合同的名实不符，不能认定被告人实施了欺骗行为。

第二，金融机构的重大损失，一定是指具有终局性的、现实的损失。本罪的保护法益是金融机构信贷资金的安全，而不是贷款发放秩序。如果贷款已经得到清偿，或者贷款有足额担保，或者贷款在案发时未到期，那么，就不存在金融机构的重大损失，定罪无从谈起。对于企业在融资过程中的违规行为，只能按照金融管理法规进行处罚，金融违法的"烟"之下未必有金融犯罪的"火"。

值得关注的是，具有下列情形之一的，不能认为金融机构有重大损失：（1）担保物真实、足额的。对于贷款发放而言，是否有担保对于保障金融机构资金安全具有决定性意义。被告人在取得贷款后即便改变贷款用途，且逾期未还款的，如果其所提供的担保物真实，客观上就不可能给金融机构造成终局性的重大损失，即便金融机构将担保物"变现"需要经过提起民事诉讼等程序，也不能就此认定其有重大损失。对于贷款资料有假或者贷款用途被改变，但并没有虚构担保单位、虚设抵押物的，不构成本罪。（2）行为人虽对部分贷款资料造假或改变贷款资金用途，但相关银行贷款本息均已在案发前清偿的，行为人不构成本罪。（3）案发时部分贷款原本就尚未到期，且行为人有足够资金可以清偿未到期贷款的，也不应当成立本罪。

这样说来，能够成立本罪的情形大致就限定于：采取欺骗手段骗取贷款，不能按期归还资金，也没有提供有效担保的情形。至于贷款资料是否虚假、贷款用途是否被改变、贷款金额是否巨大，都不是影响定罪的关键因素。

第三，金融机构是否遭受重大损失，需要司法上根据案件事实进行客观判断，不能仅以银行或者其他金融机构所出具的"形成不良贷款数额"结论，作为认定其损失的根据。对此，2009年6月24日，最高人民法院刑事审判第二庭《关于针对骗取贷款、票据承兑、金融票证罪和违法发放贷款罪立案追诉标准的意见》明确指出，不良贷款根据不同的标准划分为不同级别，各个级别的风险程度也有差别，不宜一概以金融机构出具"形成不良贷款"的结论来认定"造成重大损失"。例如，达到不良贷款"次级"的贷款，虽然借款人的还款能力出现明显问题，依靠其正常经营收入已无法保证足额偿还本息，但如果有他人为之提供担保的，银行仍然可以通过民事诉讼实现债权。换言之，不良贷款尽管"不良"，但不一定形成了既成的损失，不宜把形成不良贷款的数额与金融机构遭受重大损失的数额简单等同。

第四，金融机构是否有重大损失是本罪的客观构成要件要素，最高人民检察院、公安部《关于公安机关管辖的刑事案件立案追诉标准的规定（二）》第27条关于"骗取贷款数额在一百万元以上"，就应当立案的规定，只顾及了骗取贷款金额，没有考虑被害人是否遭受重大损失这一后果，与刑法修正案（十一）第11条对本罪的修改相抵触，在实务上已不能再适用，有关部门应当及时废止该规定。①

骗取贷款罪的"有其他特别严重情节"

刑法修正案（十一）（2020年）对刑法第175条之一的法定刑适用条件作出了明确规定：以欺骗手段取得银行或者其他金融机构贷款，给银行或者其他金融机构造成重大损失的，处三年以下有期徒刑或者拘役，并处或者单处罚金；给银行或者其他金融机构造成特别重大损失或者有其他特别严重情节的，处三年以上七年以下有期徒刑，并处罚金。

由此可见，在本罪第一档刑中，并没有关于情节的规定，给金融机构"造成重大损失"是一个客观的后果，即上述行为所直接造成的经济损失。

但是，就第二档升格的法定刑而言，其适用条件包括给金融机构造成特别重大损失或者有其他特别严重情节这两种情形。

---

① 2022年4月6日颁布的最高人民检察院、公安部《关于公安机关管辖的刑事案件立案追诉标准的规定（二）》已废止此规定。——编者注

要准确适用第二档刑,在实务上必须正确理解"有其他特别严重情节"的含义。

实务上有人认为,如果行为人在贷款资料上作假骗取贷款数额特别巨大,即便全部归还了贷款,也应当认定其构成本罪并适用加重法定刑的规定。这是在难以认定金融机构有重大损失,不能直接适用第一档刑的情形下,绕过本条的"前段"规定,直接认定被告人骗取贷款具有"其他特别严重情节"。按理说,原本是不应该这样思考问题的。但是,最近确实有一些并不符合本罪定罪门槛的行为,仅因骗取贷款金额特别巨大,也进入了司法程序。

笔者认为,在实务上,如果对本罪中作为法定刑升格条件的"有其他特别严重情节"做上述理解,可能与刑法修正案(十一)第11条作出修改的旨趣不相符合,且有悖于情节加重犯的法理,明显不妥当。

1. 从立法上修改本罪的取向上看。实施本罪行为,其最为严重的情节其实不是骗取贷款金额的大小,而应体现在最终是否给金融机构造成损失这一点上。如果金融机构没有损失,对行为就没有必要在刑事司法上作否定评价。因此,对于提供真实担保取得贷款,或者事后全部归还贷款本息的,即便利用虚假贷款资料所取得的贷款金额数额特别巨大或者有其他严重情节,也根本不能定罪,自然就谈不上对行为人适用第二档刑的问题。

2. 从本罪"后段"作为加重规定的法理看。本条法定刑升格的规定属于加重情形,适用该规定一定要建立在行为成立基本犯的前提之下。在对其不能适用第一档法定刑时,不可能直接认定其属于骗取贷款"有其他特别严重情节",无法适用更重的法定刑。

因此,合理的看法是,骗取贷款行为中"有其他特别严重情节"法定刑升格的规定仅适用于:行为人骗取贷款数额特别巨大,其中部分贷款无法归还或者没有真实担保，给金融机构至少造成了"重大损失以上的损失"，同时还具有"其他严重情节"的情形（如贷款金额特别巨大、多次骗取贷款、在重要贷款资料上作假等）。

这里的给金融机构造成"重大损失以上的损失"，其实特指金融机构的损失超过重大的程度，且"接近于"特别重大的情形。

因此，骗取贷款造成金融机构的损失"'接近于'特别重大+有其他严重情节=有其他特别严重情节"，由此才能将法定刑升格为三年以上有期徒刑。

换句话说，骗取贷款行为给金融机构造成损失，损失数额一定要超过重大的程度，其未达到特别重大，但是"接近于"特别重大，行为人又有其他情节的，才有可能将其行为最终评价为"有其他特别严重情节"。

那么，虽有骗取金融机构贷款的行为，但是，值得注意的是：如果贷款已经及时清偿的，或者贷款存在足额担保的，以及在案发时贷款未到期的，都不可能使金融机构遭受重大损失，无论行为人取得贷款的数额如何巨大，也都不可能成立本罪，自然就没有对行为人直接适用三年以上有期徒刑的可能。

照此理解，行为人利用虚假贷款资料取得贷款1000万元，相关担保的权利凭证亦属伪造，最终有200万元无法归还给金融机构的，其显然可以成立本罪。但是，即便行为人骗取贷款达到10亿元之巨，但贷款已如数归还；或者虽有2亿元未归还，但存在真实担保的，不能仅因被告人贷款数额特别巨大，就径直跳过第一档法定刑，对被告人直接适用"有其他特别严重情节"的规定。此时，应对被告人作无罪处理，由金融机构通过民事诉讼挽回其损失。

3. 从规范依据上看。这里将本罪的"有其他特别严重情节"理解为"造成金融机构的损失'接近于'特别重大"再加上"有其他严重情节",有规范依据的支撑。

与本罪相同的立法例是刑法第193条贷款诈骗罪以及刑法第266条诈骗罪的规定。例如,刑法第266条规定,诈骗公私财物,数额较大的,处三年以下有期徒刑、拘役或者管制,并处或者单处罚金;数额巨大或者有其他严重情节的,处三年以上十年以下有期徒刑,并处罚金;数额特别巨大或者有其他特别严重情节的,处十年以上有期徒刑或者无期徒刑,并处罚金或者没收财产。

最高人民法院、最高人民检察院《关于办理诈骗刑事案件具体应用法律若干问题的解释》(2011年3月1日)第2条第2款规定,诈骗数额接近本解释第1条规定的"数额巨大""数额特别巨大"的标准,并具有特殊情形(包括通过发送短信、拨打电话或者利用互联网、广播电视、报刊杂志等发布虚假信息,对不特定多数人实施诈骗的;诈骗残疾人、老年人或者丧失劳动能力人的财物的等),应当分别认定为刑法第266条规定的"其他严重情节""其他特别严重情节"。这就是关于"犯罪数额接近于巨大+有其他情节=有其他严重情节",或者"犯罪数额接近于特别巨大+有其他情节=有其他特别严重情节"的理解。

至于诈骗数额究竟要达到多少,才算作接近于"数额巨大""数额特别巨大",最高人民法院、最高人民检察院、公安部《关于办理电信网络诈骗等刑事案件适用法律若干问题的意见》(2016年12月19日)规定,这里的"接近",一般应掌握在相应数额标准的80%以上。

上述司法解释的精神与笔者前面关于骗取贷款罪"有其他特别严重情节"的理解是一致的。

如果参照上述两个关于诈骗犯罪司法解释的精神,对本罪的骗取贷款"有其他特别严重情节"，就应当理解为造成金融机构的损失达到"特别重大数额标准的 80% 以上"，并有其他严重情节的情形。打个比方：如果将本罪的定罪门槛确定为给金融机构造成损失的标准为 20 万元；造成特别重大损失的数额为 50 万元以上，那么，行为人造成金融机构损失至少要达到 40 万元以上，又有其他严重情节的，才可以认定为"有其他特别严重情节"。

第三人履行合同与挪用资金罪

挪用资金罪是实践中的常见罪名。一般而言，直接改变本单位的财物控制权的挪用资金行为不难认定。但是，在案件涉及多个民事主体时资金究竟归属于谁，对于本罪的认定会产生实质影响。因此，认定本罪时需要顾及民法的立场。

例如，被告人姜某和他人共同出资在内蒙古赤峰市注册成立某有限责任公司（以下简称赤峰公司）。自 2015 年 9 月至 2017 年 3 月，赤峰公司均从开设于北京市的某防水材料公司（以下简称北京公司）赊购防水专用材料用于工程建设。赤峰公司与北京公司通常不定期对账、清偿货款。姜某所在的赤峰公司在陆续收回材料款并向北京公司返还欠款过程中，姜某个人向北京公司提出：原本应由赤峰公司支付给北京公司货款中的 381 万元，其个人要借来用一段时间。对此，北京公司负责人明确表示同意，该款便从姜某担任法定代表人的赤峰公司转入姜某个人账户由其个人使用。但是，法院认定姜某属于利用职务上的便利，挪用本单位资金归个人使用，数额较大，超过 3 个月未还，构成挪用资金罪，判处其有期徒刑两年。①

---

① 参见内蒙古自治区喀喇沁旗人民法院（2019）内 0428 刑初 158 号刑事判决书。

控方认为，在被告人姜某转移资金时，该款所有权仍属于赤峰公司，并未转移到北京公司名下，因此其构成犯罪。被告人认为，该笔资金是其以个人名义向北京公司的借款，其也向北京公司出具了相应欠条，同时北京公司不再要求赤峰公司支付该笔货款，因此被告人无罪。由于本案的处理掺杂了对民事法律问题的判断，就应遵循法秩序的统一性，防止将前置法上不具有违法性的行为在刑法上认定为犯罪。对于法秩序统一性原理，在与本案有关联的意义上绝对不能偏离的规则是：在民法上合法的行为，不可能成为刑法上的犯罪；唯有民法所要反对的行为，才有可能成为犯罪行为。因此，对于涉案381万元资金的性质必须回归民法规定进行理解，而不能在刑法上想当然地进行民事法律关系设定。

处理本案绕不开民事上"由第三人履行的合同"这一问题。民法典第523条规定："当事人约定由第三人向债权人履行债务，第三人不履行债务或者履行债务不符合约定的，债务人应当向债权人承担违约责任。"这是关于由第三人履行的合同的规定。所谓由第三人履行的合同，是指双方当事人约定债务由第三人履行的情形。例如，甲、乙约定：甲应当支付给乙的金钱由第三人提供给乙。"由第三人履行的合同，往往具有减少交易环节，提高交易效率的功能。"[1]

在本案中，姜某和北京公司就381万元达成借款约定，北京公司根据这一约定有义务向姜某支付金钱，在提供借款（借款给付）这一环节，北京公司成为债务人，有权获取借款的姜某成为债权人。北京公司、姜某作为借款合同的当事双方，约定由第三人赤峰公司履行该项381万元的给付，就属于典型的"由第三人履行的合同"的情形。

---

[1] 黄薇主编：《中华人民共和国民法典释义及适用指南》，中国民主法制出版社2020年版，第792页。

本案"由第三人履行的合同"的明显特点是：其一，针对381万元的借款合同在债权人（姜某）、债务人（北京公司）之间订立，他们才是合同当事人，第三人（赤峰公司）不是合同当事人。第三人（赤峰公司）向获得借款的债权人（姜某）履行债务的具体原因如何以及姜某是否实施了违反公司法的背信行为，均不影响由第三人履行的合同的成立和生效。其二，合同标的是第三人（赤峰公司）向债权人（姜某）的履行行为。根据合同相对性的原则，第三人（赤峰公司）虽不是合同双方，该合同对其没有约束力，但其一旦向债权人（姜某）履行合同，其和具有供销关系的债权人（出借381万元的债务人）北京公司之间的债权债务关系就归于消灭。其三，第三人（赤峰公司）履行合同后，债权人（姜某）即对资金出借人北京公司承担还款义务。

由此可见，就本案被告人姜某与北京公司借款合同的履行而言，该笔381万元资金从赤峰公司转到姜某名下，且北京公司在与赤峰公司核算债务时已经将欠条中的381万元扣除，这意味着双方对账时北京公司已经认可赤峰公司偿还了该笔货款，其实质就是北京公司指令作为第三人的赤峰公司直接向债权人履行债务。因此，涉案资金虽然并未先从赤峰公司名下转至北京公司名下，再由北京公司转至姜某名下，但实际上已经通过"由第三人履行的合同"完成了借款过程。

如此说来，本案要得出被告人有罪的结论是有难度的。从客观上看，在姜某与北京公司之间达成借款协议之时，该笔由第三人赤峰公司所提供资金的法律性质就发生了转变。北京公司一方面完成了相应的出借资金义务，另一方面在记账单中也放弃了对赤峰公司381万元进货款的债权。因此，该笔381万元资金自转入之时起就属于被告人姜某所有，不再是赤峰公司的资金，姜某后续有权处分自己的财产，不存在挪用赤峰公司资金的问题。从主观上看，由于借款合同真实有效，被告人姜某始终认为涉案资金是自己向北京公司的借款，其不属于明知是本单位的资金而非法占有、使用，不具有挪用资金罪的主观故意。

本案判决的不当之处是片面理解了合同履行问题，机械地强调合同只能在签约当事人之间"直接履行"这一点，认为涉案381万元资金必须遵循"赤峰公司—北京公司—姜某"的转款进路，即先转出再转入，才能既实现赤峰公司向北京公司的债务清偿，又满足姜某个人向北京公司的借款需求等法律效果。因此，判决是立足于合同必须"直接履行"这一点对被告人定罪。但是，民法上所认可的合同履行方式除了由债务人直接向债权人履行之外，还有为了减少交易成本的"由第三人履行的合同"这一类型。

因此，对本案的定性必须考虑的是：根据民法典第523条的规定，赤峰公司自履行"由第三人履行的合同"之日起，其和北京公司的债权债务即告消灭，即便姜某未来不履行该还款义务，北京公司也无权再向赤峰公司主张该笔款项。本案对被告人不予定罪与民法典第523条的内在精神相一致，既然北京公司已经同意借款381万元给姜某，该款实质上就是北京公司向姜某发放借款之物；赤峰公司向姜某交付381万元的同时其与北京公司之间的相应债权债务履行完毕。赤峰公司实质上的还款行为谈不上使其381万元失去控制，更谈不上其由此遭受财产损害。

因此，在民法上认可第三人履行合同的前提下，刑法上认定接受第三人履行合同所提供之物的行为构成犯罪，明显与民法立场相抵触，违背了法秩序统一性原理。

擅自转移、变更股权不构成职务侵占罪

在司法实务中，股权能否成为职务侵占罪的对象，一直是有争议的问题。对此，实务上多数判决主张股权能够成为本罪对象。在林惠荣被控侵占股权案中，法院认定被告人林惠荣利用担任公司执行董事等职务便利，未经股东池某、张某2、游某的同意，伙同林明武伪造《股权转让协议》《关于同意池某股东股权转让的答复》《关于同意张某2股东股权转让的答复》《关于同意游某股东股权转让的答复》等文件，委托漳浦正通企业服务有限公司办理变更登记，将股东池某、张某2、游某的股权变更至林明武名下，非法占有他人的股权（价值计184万余元），其行为已构成职务侵占罪，遂判处其有期徒刑七年。[①]

对类似案件，通常能够得出有罪结论的主要考虑是：

首先，职务侵占罪的对象是财物，对其应做扩大解释，应当包括财产性利益，而股权是典型的财产性利益。关于股权属于财物，有司法解释可以提供支撑。依据最高人民法院、最高人民检察院《关于办理国家出资企业中职务犯罪案件具体应用法律若干问题的意见》第1条的规定，国家工作人员利用职务上的便利，在国家出资企业改制过程中故意通过低估资产、隐瞒债权、虚设债务、虚构产权交易等方式隐匿公司、企业财产，转为本人持有股份的改制后公司、企业所有，应当依法追究刑事责任的，以贪污罪定罪处罚。既然股权可以成为贪污对象，其自然就可以成为职务侵占对象。

其次，我国刑法并没有将职务侵占罪的客体局限于物权法上的财产所有权。我国物权法规定，可以依法转让的基金份额、股权等财产性权益也属于无形财产；刑法第92条规定，公民私人所有的财产包括

---

① 福建省漳州市中级人民法院（2016）闽06刑终254号二审刑事裁定书。

依法归个人所有的股份、股票、债券和其他财产。股权等无形财产属于公司、企业财产。

再次，股权属于公司的合法财产。根据公司法的基本原理，股东个人将资产交给公司后，该财产与股东个人脱离，股东个人不再对该财产享有支配权，而公司作为具有虚拟人格的法人实体，对股东的财产享有独立支配权，因此，侵吞他人股权就是侵占公司财物。在林惠荣被控侵占股权案中，法院就认为，因股东出资后，个人就不再对该财产享有支配权，由全部股权所形成的整体财产权益归属公司所有，与股权所对应的财产份额同样属于公司所有，在侵害被侵占股权股东权益的同时，必然侵害公司的财产权益。

最后，对被告人定职务侵占罪似乎有一定的规范依据。公安部经侦局《关于对非法占有他人股权是否构成职务侵占罪问题的工作意见》（2005年6月24日）中明确规定："对于公司股东之间或者被委托人利用职务便利，非法占有公司股东股权的行为，如果能够认定行为人主观上具有非法占有他人财物的目的，则可对其利用职务便利，非法占有公司管理中的股东股权的行为以职务侵占罪论处。"此后，《全国人民代表大会常务委员会法制工作委员会对关于公司人员利用职务上的便利采取欺骗等手段非法占有股东股权的行为如何定性处理的批复的意见》（2005年12月1日）也指出："据刑法第92条规定，股份属于财产。采用各种非法手段侵吞、占有他人依法享有的股份，构成犯罪的，适用刑法有关非法侵犯他人财产的犯罪规定。"

但是，从理论上分析，上述四点定罪理由未必站得住脚，不宜将转移股权行为认定为职务侵占罪，其主要理由在于：

其一，非法转移他人股权可能给公司管理活动带来困扰，但其和公司财产权受损是两个概念。认定被告人有罪的判决立场通常主张公司股东的股权可以转让，股权具有货币价值，伪造股权转让协议变更持有股权的股东，非法侵占公司管理中的他人股权，不仅侵害了股东个人的财产权，更会直接对公司的经营和管理产生影响。然而，这不能成为支撑定罪的理由，如果行为人仅是擅自变更股权，后续并未再进一步侵吞公司财产，难以认为侵占股东的股权就是侵占公司财物。擅自变更股权，可能影响股东本人的权利（如参加股东会决定公司投资经营以及公司合并、分立、变更、解散、清算等重大事项）；在公司解散时，公司在了结外部债务后，按股东出资比例将剩余财产分配给股东，由此看来，侵占他人股权的行为，其直接后果是会减损股东个人的财产权，影响股东其他权利，但不会造成公司财产受损的后果。

其二，必须重视本罪的保护法益。本罪属于侵犯财产罪，能够成为本罪对象的财物必须是"本单位财物"。按照公司法的基本原理，股权是指股东基于其出资在法律上对公司所享有的权利。股权的核心是财产权（股利分配权、剩余财产分配权），对公司拥有多少股权就意味着股东在公司享有多少财产权；股权转让收益也归属于持股股东。因此，股权说到底还是股东对于公司所享有的财产权益的体现，即股东股权利益的价值，其本质上不是公司财物。无论股东之间的股权如何进行转移，公司的出资总额、财产总量等"本单位财物"都不会减少，受损的只能是特定股东的个人权益。

其三，虽然公安部经侦局前述《工作意见》中规定非法占有公司股东股权的行为应以职务侵占罪论处，但其位阶较低，不属于司法解释，不具有法律约束力。全国人大常委会法工委前述批复也仅规定"采用各种非法手段侵吞、占有他人依法享有的股份，构成犯罪的，适用刑法有关非法侵犯他人财产的犯罪规定"，并未明确被告人的行为一定构成职务侵占罪，其实，对侵占其他股东股权（而非本单位财物）

的行为以刑法第 270 条（普通）侵占罪（而非本罪）论处，也符合全国人大常委会法工委前述批复的精神。

应当指出，也有少数判决认同侵吞、非法占有股权不构成职务侵占罪的观点。在艾某转移股权无罪案中，被告人艾某为浙宁公司总经理，持有公司 33.33% 的股份。艾某在未征得股东郭某乙、公司实际控制人郭某甲同意的情况下，指使公司工作人员，以虚假股东会决议、股权转让协议等材料将公司法定代表人由郭某乙变更为艾某，并将郭某乙、郭某甲名下 66.66% 股权变更登记在艾某名下。法院认为，被告人的行为客观上没有侵害其本单位财物，主观上没有侵占故意，据此作出无罪判决。[①] 在这方面，实践中的"罕见判决"反而是值得重视的。

挂靠施工、工程转包纠纷与财产犯罪

在工程建设领域，承接工程的人和实际施工的人不一致的情形并不鲜见，由此导致因挂靠、转包所形成的各种纠纷频繁出现。

在民事审判中，为确定主体的民事权利及应承担的义务，对于挂靠和转包尽可能作出明确区分，大致从实际施工者（挂靠人）有无参与投标、合同订立等活动加以判断。

在挂靠的场合，挂靠者（实际施工人）借用其他企业的资质承包工程，其通常还会参与投标、合同订立等事务，甚至直接以被挂靠人的名义出现。转包，则是指建筑企业承接工程后将其再发包给实际施工人，后者一般不参与招投标活动及订立承包合同等过程。

从刑事领域看，无论是转包还是挂靠，其实质大致相同，即承包

[①] 宁夏回族自治区石嘴山市惠农区人民法院（2017）宁 0205 刑初 121 号刑事判决书。

单位将其承接的工程"暗中"给他人施工（因此，在刑事上区分清楚挂靠或转包的意义极其有限）。

在刑法上成为问题的是，因无资质而挂靠大型建筑公司或者接受转包的工程后，由于大量资金要从名义上的总承包人那里支出，实际施工人在与总承包人的合作过程中，有时会发生利益分配、资金结算、施工责任分担等方面的纠纷，实际施工人从总承包人那里取得相关款项，或者不规范使用工程项目资金的某些行为，就有可能被指控为职务侵占罪或挪用资金罪。因此，厘清工程挂靠、转包过程中的民事纠纷与财产犯罪的界限具有现实意义。

例1，行为人甲与A工程公司签订《工程目标管理责任书》，约定A工程公司将其中标的工程项目交由甲具体施工，甲借用A工程公司的建筑资质承包该工程项目。A工程公司作为项目总承包方，按照工程造价款的2%收取项目管理费，其他所有相关费用均由甲自行承担。《工程目标管理责任书》第4条"财务管理要求"部分进一步约定，A工程公司在收到发包方的付款后，按目标责任书规定扣除管理费，并代扣代缴税费及各种预留、预扣资金后，余款转入甲的指定账户。在具体施工过程中，甲以虚构的"农民工工资保证金借款利息"等名义从A工程公司取走资金200万元。项目实施后期，A工程公司与甲发生纠纷，甲由此被控职务侵占罪。

例2，行为人乙从B建设集团转包某建设项目，双方订立的《内部承包协议》约定B建设集团与乙之间形成劳动关系，并收取工程总造价4%的管理费；在项目工程竣工结算完毕之前，建设方提供的资金、材料、本项目工程的全部财产及全部资料均属于B建设集团所有，乙无权分配。后乙在对该项目实际施工过程中，将建设方支付给B建设集团的工程款中的300万元归个人使用。乙被指控犯有挪用资金罪。

上述案例所提出的问题：

一是能否将挂靠、转包中的实际施工人认定为 A 工程公司、B 建设集团等总承包方的工作人员；

二是能否认定实际施工人虚报冒领的行为给总承包方造成了财产损失。

如果上述两点都能够得到肯定，作为实际施工人的甲、乙就有可能成立职务侵占罪或挪用资金罪。但是，结合现行法律及有关的法理，对这两点都应该得出否定结论。

一方面，职务侵占罪或挪用资金罪的主体都是"公司、企业或者其他单位的工作人员"。甲、乙显然不符合相应财产犯罪的主体要件。

就例 1 的挂靠关系而言，甲与 A 工程公司签订的《工程目标管理责任书》约定，A 工程公司将投标所得的工程项目全部交由甲具体施工，名义上 A 工程公司与甲之间存在委托建设关系，A 工程公司对甲有很大程度的制约和管理，似乎能够得出甲实质上属于 A 工程公司工作人员的结论。但是，该《工程目标管理责任书》本身在民事法律上就是无效的。我国相关建筑领域的法律法规对于施工资质有严格要求。民法典第 791 条第 3 款规定，禁止承包人将工程分包给不具备相应资质条件的单位。建筑法（2019 年修订）第 29 条规定，建筑工程总承包单位可以将承包工程中的部分工程发包给具有相应资质条件的分包单位，禁止总承包单位将工程分包给不具备相应资质条件的单位。因此，没有相应建筑资质的主体借用有资质的建筑施工企业名义签订的一系列合同均"违反法律、行政法规的强制性规定"，为无效合同。甲与 A 工程公司之间的一系列约定自然就不具备法律效力。在事实上甲仅为挂靠者，不属于 A 工程公司的工作人员，其与 A 工程公司的相关约定也无效的前提下，认定甲是职务侵占罪的主体，势必会否定相关民事法律的效力，进而违反法秩序统一性原理。

就例2的转包关系而言，其问题与挂靠的情形实质上相同。民法典第791条第3款规定，建设工程主体结构的施工必须由承包人自行完成。第806条第1款规定，承包人将建设工程转包、违法分包的，发包人可以解除合同。B建设集团为规避风险，与乙签订虚假的劳动合同，把应由其承建的工程转包给乙施工，该《内部承包协议》自然就是无效的，其只不过是为了绕开法律关于建设施工合同禁止转包的禁止性规定；且B建设集团事实上从来没有给乙发放劳动报酬，双方从未建立实质的劳动关系，因此，乙也不符合挪用资金罪的主体要件。

另一方面，上述两个案例中的所谓被害单位A工程公司、B建设集团均没有财产损失，行为人以虚构的名义报账或领款，并没有造成相应财产犯罪的危害后果。从当事人之间的约定看，A工程公司、B建设集团作为项目总承包方，均只是按照工程总决算的一定比例收取项目管理费，其他所有相关费用均由甲、乙自行承担。无论是A工程公司还是B建设集团，对于发包方支付的预付款、工程款等，都应当在扣除其项目管理费等费用后支付给实际施工人，预付款和工程款本身并非总承包方的财产。即使发包方支付的预付款、工程款等要先转入总承包方账户，这也只是形式上的"走账"问题，总承包方对这些财物没有占有意思，不能类推适用刑法第91条第2款的规定将这些款项解释为总承包方的财产。因此，甲、乙并不成立以A工程公司、B建设集团为被害人的职务侵占罪或挪用资金罪。

由此看来，在工程转包、挂靠的场合，总承包人与转包人、挂靠者之间的纠纷，还是应当在民事领域予以解决，不宜轻易认定实际施工人构成财产犯罪。

串通投标罪的实质限定

根据刑法第 223 条的规定，串通投标罪，是指投标人相互串通投标报价，损害招标人或者其他投标人利益，情节严重，或者投标人与招标人串通投标，损害国家、集体、公民的合法利益的行为。本罪与行政法的相关规定之间存在紧密关系。招标投标法（2017 年修正）第 32 条第 1、2 款规定，投标人不得相互串通投标报价，不得排挤其他投标人的公平竞争，损害招标人或者其他投标人的合法权益。投标人不得与招标人串通投标，损害国家利益、社会公共利益或者他人的合法权益。该法第 53 条还对上述串通投标的行政处罚标准作出了明确规定。

对于本罪客观构成要件的认定，不能无视前置法的规定。本罪中的招标，是指招标人为购买商品或者让他人完成一定的工作，通过发布招标通告或者投标邀请书，公布特定的标准和条件，公开或者书面邀请投标人投标，从中选取中标人的单方行为。投标，是指符合招标文件规定资格的投标人，按照招标文件的要求，提出自己的报价及相应条件的书面回答行为。招标投标类似于以要约和承诺方式订立合同，是一种特殊表现形式的合同行为，其必须遵守平等自愿、真实合法、公正公开、择优中标原则。民法典第 790 条规定，建设工程的招标投标活动，应当依照有关法律的规定公开、公平、公正进行。招标投标法第 3 条第 1 款规定，在中华人民共和国境内进行下列工程建设项目包括项目的勘察、设计、施工、监理以及与工程建设有关的重要设备、材料等的采购，必须进行招标：（1）大型基础设施、公用事业等关系社会公共利益、公众安全的项目；（2）全部或者部分使用国有资金投资或者国家融资的项目；（3）使用国际组织或者外国政府贷款、援助资金的项目。根据招标投标法的精神，规范的招标投标过程是：凡符合招标文件规定或者通过资格预审的单位或者个人都可以参加投标，然后由招标人通过对投标人在价格、质量、生产能力、交货期限和财务状况、信誉等方面进行综合考察的基础上选定投标人。违反这一过程的招标投标行为，通常就具有违法性。

本罪的实行行为包括两种情形：一是投标人相互串通投标报价，损害招标人或者其他投标人利益，情节严重的行为，即投标人彼此之间通过口头约定或书面协议，就投标的报价这一特定事项进行私下串通，相互勾结，采取非法联合行动，以避免相互竞争；或者通过对投标报价的串通相互约定在相关项目招标中轮流中标，形成"围标集团"，中标人给予该集团中其他"落标人"一定补偿，排斥其他投标人或限制竞价投标，或串通报价后造成招标工程无法完成、质量低劣，共同损害招标人或其他投标人利益的行为。二是投标人与招标人串通投标，损害国家、集体、公民的合法利益的行为。即招标人在招标投标活动中，确定中标人时不是从价格、质量与工期保证、企业生产能力、人员素质、财产状况、技术水平、信誉等方面进行综合评定，而是以不正当手段与特定投标人私下串通，相互勾结，使招标投标活动流于形式。投标人与招标人串通的方式包括：招标者在公开开标前，将投标情况告知其他投标者，或者协助投标者撤换标书，更改报价；招标者向投标者泄露标底；招标者与投标者商定，在招标投标时压低或者抬高标价，中标后再给投标者或者招标者额外补偿；招标者预先内定中标者并将此情况告知中标，在确定中标者时以此决定取舍。由于投标人与招标人串通投标的社会危害性较大，所以，成立犯罪不以情节严重为要件。

对于本罪的认定，固然要顾及前置法，但是值得注意的是，对刑事违法性的判断不是形式上的,"顾及"前置法不等于"从属于"前置法,刑法上所固有的违法性判断必须得到承认。因此,完全可能存在行为违反招标投标法,但在独立判断刑事违法性之后,认定该行为并不构成犯罪的情形。对此,略举两例进行分析。

例1,行为人甲按照某县政府有关部门的安排,参与A工程项目的建设且即将完工。有关主管部门为了完善相关招标投标手续,要求甲参与投标并承诺确保其中标,甲为此组织五家关系较好的企业一起投标并胜出。甲在招标人知情的情况下,与投标人串通投标报价的,行为虽具有招标投标法意义上的行政违法性,但显然不具有刑事违法性。因为,A工程项目建设在先,招标投标在后,已经不是正常的招标投标,且招标人对投标人的串通予以认可,事实上其他投标人也不可能参与到早已开始建设的工程中,不会有其他投标人的利益受损;由于该工程项目已实际开工建设,也不会造成投标人与招标人相互串通,进而损害国家、集体、公民的合法利益的结果发生。

例2,行为人乙所控制的四个关联企业按照乙的指示,在B建设项目招投标时,以四家独立公司的名义报名竞标,并最终使其中的一个公司中标的,能否认定乙构成串通投标罪?如果仅从行政管理的角度切入,可以肯定其行为的违法性。招标投标法实施条例第44条第2款规定,投标人少于3个的,不得开标;招标人应当重新招标。按照这一规定,乙操纵关联企业进行投标,实际投标人就只有一个,未满足行政法规的开标要求,故B建设项目的招标人应当重新招标。因此,乙控制四家公司报名竞标,客观上确实对该项目的招标活动造成了干扰,对其应当予以行政处罚。但是,显然不能从行政违法中直接推导出刑事违法。本罪中的"投标人相互串通投标报价",是指不同的投标人之间私下串通,联手抬高或者压低投标报价,从而损害招标人利益或者排挤其他投标者。换言之，只有当多个投标人相互串通报价时，才可能认定其构成本罪，故本罪属于典型的必要共犯形态，其成立以具有两个以上的犯罪主体为前提。但是，在 B 建设项目中，虽然有四家公司报名竞标，但实际上的投标人其实只有乙一人，其系唯一投标人，不可能与其他客观上并不存在的投标人相互串通投标报价。

由此看来，行为是否构成犯罪，必须根据罪刑法定原则的要求，结合法益侵害性的有无进行实质的、刑法上所固有的违法性判断，不能认为刑事违法性必须从属于其他部门法的违法性，不宜在整个法领域中违法性仅做一元的理解。对此，山口厚教授的观点很值得重视："作为犯罪成立条件的违法性，要具备足以为相应犯罪的处罚奠定基础的'质'和'量'，从这样的立场出发，可以肯定在其他法领域被评价为违法的行为仍可能阻却刑法上的违法性。"[①]

串通拍卖或竞买不构成串通投标罪

投标人相互串通投标报价，或者投标人与招标人相互串通，满足特定情节或者后果要求的，构成刑法第 223 条所规定的串通投标罪。本罪所规制的仅为招标投标过程中的危害行为。实践中存在争议的是，行为人之间并不是在招标投标过程中进行串通，而是串通拍卖或竞买的，是否可以适用本罪规定？在近年来的实践中，有的判决对竞拍国有资产、竞买挂牌出让的国有建设用地使用权等行为以串通投标罪予以定罪处罚，这些做法是否妥当？很值得研究。

全国人大常委会制定的招标投标法（2017 年修正）、拍卖法（2015 年修正）明显将招标、拍卖行为予以区分，认为其属于性质上明显不

[①] ［日］山口厚：《刑法总论》（第 3 版），付立庆译，中国人民大学出版社 2018 年版，第 186 页。

同的市场行为。拍卖是指以公开竞价的形式，将特定物品或财产权利转让给最高应价者的买卖方式，其系商品销售的一种特殊形式，即拍卖人将委托人的物品或者财产权利以竞买的方式卖给竞买人的行为。招标投标的标的主要是完成一定工作或工程项目，即使其对象是物品，也是为购买物品而寻找物品的卖主，在买卖方向上，与拍卖正好相反。因此，很难认为串通拍卖是串通投标罪客观方面的表现形式之一。由于立法上对串通投标罪的行为类型明确限定为在招标投标过程中的串通，在拍卖过程中的串通行为就不可能符合该罪的客观构成要件，将串通投标罪适用到串通拍卖的场合，就是超越了法条文义的最大射程，使得国民的预测可能性丧失，最终沦为类推解释。对此，最高司法机关已经有所认识。最高人民检察院在其发布的第90号指导性案例（"许某某、包某某串通投标立案监督案"）中明确指出，刑法规定了串通投标罪，但未规定串通拍卖行为构成犯罪。对于串通拍卖行为，不能以串通投标罪予以追诉。公安机关对串通竞拍国有资产行为以涉嫌串通投标罪刑事立案的，检察机关应当通过立案监督，依法通知公安机关撤销案件。

在串通拍卖不构成串通投标罪似乎已形成共识的情形下，目前尚存一定争议的是串通竞买是否可以定罪？

关于挂牌出让过程中的竞买问题，目前没有全国性的规定。原国土资源部《招标拍卖挂牌出让国有建设用地使用权规定》（2007年修订）第2条对招标出让国有建设用地使用权作出了规定，同时明确规定，挂牌出让，是指国有建设用地使用权的出让人发布挂牌公告，按公告规定的期限将拟出让宗地的交易条件在指定的土地交易场所挂牌公布，接受竞买人的报价申请并更新挂牌价格，根据挂牌期限截止时的出价结果或者现场竞价结果确定国有建设用地使用权人的行为。由此可见，挂牌出让是不同于招标出让的国有建设用地使用权出让方式，将挂牌出让时的串通竞买行为认定为串通投标罪，势必违反罪刑法定原则。

结合相关法律法规的规定，不难看出招标投标和挂牌竞买在法律性质上主要存在以下区别：（1）对保密性的要求不同。在招标程序中，对投标人名称、数量，投标方案和其他可能影响公平竞争的情况都需要严格保密。招标投标法第22条规定，招标人不得向他人透露已获取招标文件的潜在投标人的名称、数量以及可能影响公平竞争的有关招标投标的其他情况。招标人设有标底的，标底必须保密。第43条规定，在确定中标人前，招标人不得与投标人就投标价格、投标方案等实质性内容进行谈判。第52条规定，依法必须进行招标的项目的招标人向他人透露已获取招标文件的潜在投标人的名称、数量或者可能影响公平竞争的有关招标投标的其他情况的，或者泄露标底的，给予警告，可以并处1万元以上10万元以下的罚款；对单位直接负责的主管人员和其他直接责任人员依法给予处分；构成犯罪的，依法追究刑事责任。前款所列行为影响中标结果的，中标无效。而在挂牌程序中，根据《招标拍卖挂牌出让国有建设用地使用权规定》第17条第1项的规定，在挂牌公告规定的挂牌起始日，出让人应将挂牌宗地的面积、界址、空间范围、现状、用途、使用年期、规划指标要求、开工时间和竣工时间、起始价、增价规则及增价幅度等，在挂牌公告规定的土地交易场所挂牌公布。换言之，招标出让的特点在于其保密性，招投标时各方投标人的投标文件和报价在开标之前必须相互保密，并且每个投标人原则上只有一次投标报价机会。相反，挂牌出让则比招标明显具有更高的公开性。在挂牌出让的场合，每个竞买者都可以进行多轮报价，而且每次报价都会及时公开，使竞买者能够彼此了解其他竞买者的出价,及时调整竞买策略,促使各方竞买者充分竞争。由此可见,在招标的场合,必须保持各方投标人的报价相互保密,唯有如此才能起到促使投标人相互竞争的效果。一旦投标人之间相互串通,其相互之间的竞争性便消失殆尽,自然也就难以保障招标人的权益。正因如此,我国立法者才特意将串通投标的行为规定为犯罪。而挂牌出让原本就并非通过维持报价的保密性以在竞买者之间形成竞争,故串通竞买的行为不具有应当科处刑罚的社会危害性。(2)参与者的权利义务不同。投标人一旦响应投标,参加投标竞争,就应当按照要求编制投标文件,有义务提出报价,一经提交便不得撤回;在挂牌程序中,竞买人有权利举牌竞价,但并没有连续举牌报价的义务。(3)程序性限定不同。在招标活动中,存在开标、评标环节,评委会对投标文件进行评审等复杂程序,首要标准是能最大限度地满足各项综合评价,投标价格未必是最优先的考量;在挂牌程序中,价格是唯一竞争标准,在挂牌期限内有两个或者两个以上的竞买人报价的,出价最高者为竞得人;报价相同的,先提交报价单者为竞得人。(4)对参与人数的限定不同。在招标程序中,投标人不得少于3人,否则,应当重新招标;在挂牌程序中,即便只有一个竞买人报价,在其报价不低于底价并符合其他条件时,也应挂牌成交。这些都说明,在挂牌程序中并无参与人数的限制,也无"陪买"的必要性。基于招标投标和挂牌竞买的上述差异,将竞买中的相关串通行为认定为串通投标罪,显然是类推解释。

如此说来,对于拍卖、挂牌竞买过程中的串通行为不予定罪,不是立法上的疏漏,而是我国刑法立法经过充分论证后所形成的"意图性的处罚空白",这也是刑法谦抑性的题中之义。行政违法的"烟"之下,未必真有刑事犯罪的"火"。在刑法上对某些违法行为有意"放过",不等于"放纵",对这两种违法行为应当按照行政法律法规的规定对行为人予以处罚。换言之,对于串通拍卖、挂牌竞买行为,不能以其似乎和串通投标行为具有大致相同的社会危害性,就在司法上作出有悖于罪刑法定原则的类推解释。

医疗侵权行为与推定的被害人承诺

"前置法定性、刑事法定量"的说法,强调其他部门法的违法性决定了刑事违法性,这只不过是一种"僵硬的违法一元论"。这种观点的核心在于:在某个法律领域中属于违法的行为,在刑法上也是违法的,刑事犯罪仅在量上与行政违法、民事违法不同,进而强调在整个法领域中应当对违法作一元而非相对化、差异化的理解。抽象地看,这种主张似乎有道理。但是,一旦结合具体事例就能够清晰地看出其不合理性。例如,甲牵着自己豢养的一条猛犬外出时,遭受该犬只的突然攻击,甲为躲避危险而将路人乙撞成重伤,如果按照"前置法定性、刑事法定量"这种"僵硬的违法一元论"的主张就会认为,既然危险是由甲本人所引起的,其紧急避险会产生向路人乙进行民事赔偿的义务,其行为在民法上的违法性显然存在,相应地在造成重伤后果的场合,达到了刑事犯罪所要求的"量",刑事犯罪就应该成立。但是,这种主张以存在前置法的违法性为由得出刑事犯罪成立的结论,进而限定刑事违法阻却事由(紧急避险)的成立,明显是不妥当的。

某一行为在行政法、民商法上违法,但从整体法秩序的角度看,对于该违法行为,无论其违法量大还是量小,在刑法上都能够容忍的,该行为就不具有刑事违法性。因此,前置法的违法性和刑事违法性之间的关系不宜理解为一元的,即便认可前置法的违法性在有的情形下会对犯罪客观构成要件要素的判断产生一定影响,也不应当从基本理念上认同刑事违法性必须从属于前置法的违法性,而应当肯定"刑法所固有的违法性"。刑事违法性反映的是行为与法律制度整体之间的对立性。某一项规范,只要其属于某一法律部门(刑法、民法、刑事诉讼法、民事诉讼法及宪法等)赋予行为人权利时,该行为就不存在与法律的客观冲突。比如,刑事诉讼法规定,证人在法庭上回答问题时应当作如实陈述。由此可能导致的情形是,该证人在公开的法庭上所陈述的事实恰好揭露了被告人不为人知的阴暗面,客观上损害了被告人的人格、名誉,因而符合侮辱罪的构成要件。如果不存在刑事诉讼法中的正当化事由,那么,该证人的行为显然具有违法性,在具备其他犯罪构成要件的情形下就构成犯罪。相反,如果存在一项正当化事由,侵权责任法上的违法性这一要件便在刑事领域出现了"瑕疵",进而意味着前置法所不能容忍的行为在刑事上是合法的。这一违法阻却事由覆盖一切法律部门,很多时候需要结合行政法、民商法之外的其他部门法的精神(而非具体条文规定)进行判断。[1]

对此,前述主张"前置法定性、刑事法定量"的学者也可能会认为,既然是否存在违法阻却事由需要从其他法律那里寻找根据,那么,自然也就能够得出对刑事违法阻却事由的判断从属于其他部门法的结论。但是,这一说法是不成立的,在其他法领域中合法的行为,确实可以为无罪提供理由,但这是根据法秩序统一性原理自然产生的结论,与违法性的具体判断在方法论上是否需要一元地进行理解无关。此外,特别值得注意的是,违法阻却事由是否存在这一消极的刑事违法性判断,事实上并不总是需要从属于前置法,将前置法的违法性和刑事违法性紧紧"挂钩"的做法显然是左支右绌的。例如,医生甲发现刚送

---

[1] [意]艾米利·多切尼:《意大利法律制度中的犯罪:概念及其体系论》,吴沈括译,载《清华法学》2016年第1期。

来的车祸受伤者乙必须立刻截肢，否则就有死亡的危险，在乙昏迷不醒的状况下，医生甲既没有联系乙的家属，也没有向医院领导汇报，便直接对乙实施了截肢手术，乙由此得以保命的，对医生甲的行为按照推定的被害人承诺的法理可以阻却故意伤害罪的成立。推定的被害人承诺，是指事先没有得到被害人的现实承诺，但为了被害人的利益而实施的某种行为，推定被害人如果知道事实真相，应该会作出同意的情形。推定的被害人承诺所涉及的事项必须具有紧迫性。只有在为了被害人利益，没有得到承诺，但相关事项又非常急迫时，才可以适用推定的被害人承诺。假如行为当时并没有明显的事项紧迫性，那么必须事先获得被害人的承诺方可实施相关行为，而不能适用推定的被害人承诺。推定的被害人承诺正当化的法理依据在于：为了被害人的利益而实施的行为是有利于被害人的。被害人承诺与推定的被害人承诺也有不同：前者有事前的明确承诺，阻却违法主要是一个承诺事实的存在；后者阻却违法主要是因为规范上的假定。同时，依被害人承诺而实施的行为未必有利于承诺人。但是，按照推定的被害人承诺而实施的行为必须有利于保护被害人的利益，才能使推定的承诺成立，否则，无法阻却违法性。推定的被害人承诺必须符合下列基本要件才能构成正当化事由：其一，被害人自身没有现实的承诺；其二，待处理的事项具有紧迫性；其三，推定被害人知道实情后将会作出同意；其四，行为必须是为了被害人利益；其五，行为所指向的法益必须是被害人有权处分的。

　　对于前述推定的被害人承诺的违法阻却根据，其实无法从任何具体的前置法中去寻找。相反，按照民法典的相关规定，该医疗行为因为不符合告知、同意的程序性规定，侵犯了患者的知情同意权而明显具有非法性，医务人员及医疗机构应当承担相应的民事赔偿责任。理由在于：民法典第 1219 条规定，医务人员在诊疗活动中应当向患者说明病情和医疗措施。需要实施手术、特殊检查、特殊治疗的，医务人员应当及时向患者具体说明医疗风险、替代医疗方案等情况，并取得其明确同意；不能或者不宜向患者说明的，应当向患者的近亲属说明，并取得其明确同意。医务人员未尽到前款义务，造成患者损害的，医疗机构应当承担赔偿责任。民法典第 1220 条规定，因抢救生命垂危的患者等紧急情况，不能取得患者或者其近亲属意见的，经医疗机构负责人或者授权的负责人批准，可以立即实施相应的医疗措施。本案中，医生甲为抢救生命垂危的车祸受伤者乙，在无法向乙告知时，其既未向乙的近亲属履行告知义务、听取其意见，也未得到医疗机构负责人或者授权的负责人批准，就擅自实施了医疗措施，其民事违法性是显而易见的。不过，民事违法性和刑事违法性之间具有质的差异，即便民法典这一具体的前置法无法为刑事正当化事由的存在提供支撑，医生甲的行为仍然可能成立"超法规的违法阻却事由"而不构成刑事犯罪。因此，在前置法的违法性之外，对于犯罪是否最终能够成立，确实需要判断"刑法所固有的违法性"是否存在。

交易习惯与合同诈骗罪的否定

民法典第 10 条规定，处理民事纠纷，应当依照法律；法律没有规定的，可以适用习惯，但是不得违背公序良俗。在这里，民法典通过对包括"交易习惯"以及"当地习惯"或者"风俗习惯"等在内的广义习惯的认可，在法源中接纳了作为一般行为举止规范的习惯，使之具备民事裁判依据的性质和效力，为民事行为提供了指引。在民法典合同编中，更是对作为习惯之具体内容的"交易习惯"的地位进一步予以明确。例如，民法典第 510 条规定，合同生效后，当事人就质量、价款或者报酬、履行地点等内容没有约定或者约定不明确的,可以协议补充;不能达成补充协议的,按照合同相关条款或者交易习惯确定。民法典第619条则规定,出卖人应当按照约定的包装方式交付标的物。对包装方式没有约定或者约定不明确,依据本法第510条的规定仍不能确定的,应当按照通用的方式包装;没有通用方式的,应当采取足以保护标的物且有利于节约资源、保护生态环境的包装方式。上述内容均凸显了交易习惯的法律地位,在民事裁判中应当尽可能尊重当事人之间所形成的交易习惯,而不在合同成立、履行等问题上进行过多外在的司法干预。

在处理"刑民交叉"案件时,民事法律的上述规定能够给予我们的启发是:在民事交往中,当事双方长期以来如果已形成某种交易习惯的,在认定犯罪成立与否,判断行为性质时,必须充分考虑这种交易习惯,刑事司法不能无视交易习惯,强行介入纠纷处理过程,断然判定取得财物一方的行为缺乏法律依据,进而轻易地认定犯罪的成立。这一点,在合同诈骗罪中表现得最为突出。对此,结合"赵明利被判诈骗罪"进行分析。

本案可谓一波三折。1994年8月,时任辽宁省鞍山市立山区春光铆焊加工厂厂长的赵明利因涉嫌诈骗被鞍山市公安局收容审查,后被逮捕。1998年9月14日,鞍山市千山区人民检察院向鞍山市千山区人民法院提起公诉,指控赵明利犯诈骗罪。1998年12月24日,千山区人民法院经审理后判决,赵明利犯诈骗罪证据不足,宣告无罪。鞍山市千山区人民检察院随后提起抗诉。1999年6月3日,鞍山市中级人民法院作出终审判决,认定被告人赵明利利用东北风冷轧板公司管理不善之机,先后4次隐瞒其诈骗故意提走货物不付款,骗取被害公司财物13万余元,遂撤销一审判决,认定赵明利犯诈骗罪,判处其有期徒刑五年。判决发生法律效力后,原审被告人赵明利提出申诉,并分别被鞍山市中级人民法院、辽宁省高级人民法院予以驳回。2015年7月21日,赵明利因病死亡后,其妻子继续向最高人民法院提出申诉。

在最高人民法院再审本案期间,最高人民检察院提交的书面意见赞成被告人赵明利无罪的结论,指出:第一,原二审判决认定的事实不全面、不客观。1992年至1993年间,赵明利与东北风冷轧板公司存在多次购销冷轧板业务往来,其中大部分货款已结算并支付。在实际交易中,提货与付款不是一次一付、一一对应的关系。赵明利的4次提货仅是多次交易中的一小部分,应当将4次交易行为放在双方多次业务往来和连续交易中进行评价。第二,依据现有证据,不能认定赵明利对4次提货的货物具有非法占有的目的。案发时双方未经最终结算,交易仍在持续,涉案4次提货后,赵明利仍有1次提货结算和2次转账付款行为。赵明利在交易期间具有正常履行支付货款义务的能力,在双方交易中积极履行了大部分支付货款义务,4次提货未结算后亦未实施逃避行为。第三,赵明利的4次未结算行为不符合虚构事实、隐瞒真相的诈骗行为特征。涉案4次提货前,双方已有多次交易,且4次提货前赵明利已预交支票,正常履行了提货手续。东北风冷轧板公司相关员工给赵明利发货,并未陷入错误认识,也非基于错误认识向赵明利交付货物。

最高人民法院再审判决指出,由于赵明利承包经营的集体所有制企业鞍山市立山区春光铆焊加工厂,与全民所有制企业东北风冷轧板公司建立了持续的冷轧板购销业务往来关系,赵明利多次从东北风冷轧板公司购买数量不等的冷轧板,并通过转账等方式多次向东北风冷轧板公司支付货款。在实际交易中,提货与付款不是一次一付、一一对应的关系,即提货与付款未每次均直接对应,符合双方的交易习惯,双方亦是按照该交易习惯持续进行交易。赵明利在被指控的4次提货行为发生期间及发生后，仍持续进行转账支付货款，并具有积极履行支付货款义务的意思表示。事实上，赵明利也积极履行了大部分支付货款的义务，从未否认提货事实的发生，更未实施逃匿行为，不符合合同诈骗罪的构成要件，因而宣告其无罪。[①]

应当说，最高人民法院对于本案再审的说理是比较充分的。赵明利未及时支付货款的做法，并未实质违反合同双方当事人长期以来所认可的合同履行方式，符合交易习惯，在民事上被认可。对于合同履行过程中交易习惯的司法判断问题，在以往的民事审判中所掌握的大致标准是：首先，该做法不能违反法律、行政法规的强制性规定；其次，该做法在交易行为当地或某一领域、某一行业通常采用；再次，该做法为交易双方订立合同时所知道或者应当知道；最后，该做法为当事人双方经常使用或反复使用，是惯常的行为。由此可见，在合同实际履行过程中，是否存在和尊重交易习惯是事实问题；而在发生合同纠纷后，是否存在交易习惯，当事人是否按照交易习惯履行合同则成为据以裁判的规则。准确理解民法典第10条的规定，就应当认可交易习惯的效力，当然也就应该认可按照交易习惯行事的合同当事人一方行为的妥当性。

在本案中，赵明利按照交易习惯先提货后付款，不存在诈骗的行为和故意，此后还实施了继续付款行为，其行为尚未超出普通民事合同纠纷的范畴，被害单位即便对赵明利未及时付清货款是否符合双方所认可的合同履行方式持有异议，或者认为赵明利的行为构成违约并造成实际损害，也应当通过调解、仲裁或者民事诉讼方式寻求救济，刑事司法力量不应当成为解决民事纠纷的手段。

[①] 具体案情及详细裁判理由，请参见最高人民法院（2018）最高法刑再6号刑事判决书。

本文的基本结论是，根据刑法谦抑性原理，动用刑罚是不得已而为之。对于其他法律所认可的行为，不应当作为犯罪处理。在合同履行过程中，行为人按照交易习惯提货后未及时付款进而发生纠纷的，其不构成合同诈骗罪。

权威解读

Quanwei Jiedu

权威解读

最高人民检察院"八号检察建议"解读

元 明 张建忠 郭竹梅 薛 慧[*]

2022年2月,最高人民检察院向应急管理部制发有关安全生产领域溯源治理的《检察建议书》[高检建〔2022〕1号(总第8号),以下简称"八号检察建议"],同时抄送中央纪委国家监委、国务院安全生产委员会、公安部、交通运输部等11个有关部门,以推动强化安全生产监管,堵塞管理漏洞,助推安全生产治理体系和治理能力现代化。"八号检察建议"的制发是检察机关全面贯彻习近平法治思想,深入贯彻落实习近平总书记相关重要指示批示精神和《中共中央关于加强新时代检察机关法律监督工作的意见》的有力举措,是检察机关依法能动履职,推动国家治理体系和治理能力现代化,回应人民群众更高需求的具体表现。为便于司法实践中正确理解与把握,现就检察建议的制发背景、过程、目的、对象及主要内容等情况解读如下。

一、制发背景

中国特色社会主义进入新时代,人民群众对民主、法治、公平、正义、安全、环境等方面的需求,内容更丰富、层次更高。安全生产

---

[*] 元明,最高人民检察院第二检察厅厅长;张建忠,最高人民检察院第二检察厅副厅长;郭竹梅,最高人民检察院第二检察厅主办检察官;薛慧,最高人民检察院第二检察厅检察官助理。

关乎社会和谐安定和人民群众人身财产安全，党中央历来高度重视安全生产工作。党的十八大以来，习近平总书记站在党和国家发展全局的战略高度，对安全生产工作作出一系列重要指示批示，强调"发展决不能以牺牲人的生命为代价，这必须作为一条不可逾越的红线"。党的十九届四中全会将推进国家治理体系和治理能力现代化确定为一项重大的战略任务，《中共中央国务院关于推进安全生产领域改革发展的意见》确立了目标任务"到2030年，实现安全生产治理体系和治理能力现代化"，其中明确提出了"建立行政执法和刑事司法衔接制度""完善司法机关参与事故调查机制""研究建立安全生产民事和行政公益诉讼制度"等与检察职能密切相关的要求。最高检党组提出依法能动履职，加强诉源治理，就是要求在司法办案中，既要抓末端、治已病，更要抓前端、治未病。

近年来安全生产形势总体稳定、明显向好，事故起数和致死人数逐年下降。但2021年仍有2.58万人死于生产安全事故，特别是近年来造成群死群伤的重特大事故仍时有发生，社会各界高度关注。最高检张军检察长就检察机关积极履职助力安全生产源头治理、综合治理等问题，多次作出批示，要求通过分析办案情况和深入调研，总结安全生产领域存在的共性问题，目的是提出有针对性建议，促使安全生产监管部门抓早抓小、抓苗头隐患，推动加强监管和源头治理，加大事前处罚力度，防患于未然。最高检第二检察厅立足检察职能，经对生产安全事故类案件和安全生产监管工作情况深入调研分析，发现安全生产监管工作中存在一些突出的共性问题需要认真研究加以解决，为此，最高检向对安全生产工作具有综合监督管理职能的应急管理部制发了推进安全生产溯源治理的"八号检察建议"，并抄送相关部门。

二、制发过程

最高检第二检察厅成立专门的起草组，采取多种形式调研，收集掌握大量第一手数据、案例、工作情况等素材，摸清安全生产事故发生的原因、特点、监管工作中存在的问题等有关情况，有针对性提出对策建议，起草过程中注重征求和吸收各方意见建议。

（一）多种形式调研

一是实地走访调研。起草组分赴多个省市实地调研，与应急管理部门、工业园区管委会、交通运输、公安机关、企业等有关人员座谈，走访了"3·21"响水爆炸案等案发现场。多次走访应急管理部相关司局，共商健全完善安全生产监管工作之策。二是书面调研。先后向9省份进行书面调研，收集涉安全生产领域刑事案件及职务犯罪案件办理情况、党政纪处分及行政处罚情况、办案中发现的安全生产监管中的主要问题、行刑衔接等情况以及相关对策建议等。同时向最高检职务犯罪检察、公益诉讼检察部门收集有关办案情况、数据和典型案例。三是视频调研。与部分省级检察院、省应急管理部门有关人员分别进行了远程视频座谈。通过上述调研，较为全面地了解掌握了当前安全生产工作的基本形势、安全生产监管体制机制运行情况、监管中存在的有关问题、企业风险排查整治的实际情况、安全生产存在的隐患、企业隐患排查治理中的有效做法等，为制发检察建议奠定了良好基础。

（二）梳理全国涉安全生产检察建议情况

起草组对全国检察机关2018年以来制发的有关安全生产检察建议情况进行调研和汇总分析，从中总结提炼目前安全生产监管工作中存在的突出问题及有关治理的对策建议。

（三）剖析典型案例、事故调查报告

我们重点剖析了200余件典型案例，深入分析了近年来有影响的几十起重大安全生产事故的调查报告，并调阅了福建泉州欣佳酒店"3·7"重大坍塌事故案、江苏响水天嘉宜化工公司"3·21"特别重大爆炸事故案等十余个重点案件的卷宗材料。从案例中查找安全生产领域共性问题、监管存在的薄弱环节、还原事故发生前存在的苗头隐患，使检察建议的内容具备坚实的事实基础。

（四）统计全国检察机关近年相关案件办理情况

我们对2018年至2021年全国检察机关办理危害生产安全刑事案件的有关情况进行了统计分析，掌握了近年来此类案件每年案发量、涉及罪名、对相关人员的处理、事故发生领域、主要原因、犯罪嫌疑人身份状况等情况，为检察建议起草提供宏观数据支撑。

（五）充分征求并合理吸收各方意见

检察建议稿初成后，征求并吸收了最高检职务犯罪检察、公益诉讼检察、法律政策研究等有关部门的意见建议，吸收了部分省级检察院的意见。起草过程中，以及检察建议稿形成后，我们均重点征求和听取了应急管理部的意见，对其意见本着"能采纳尽采纳"原则予以吸收。经过充分调研和吸收各方合理意见建议，形成"八号检察建议"（审议稿）。2022年2月11日，最高检检委会审议通过"八号检察建议"，2月18日正式印发。

三、制发和抄送对象

安全生产工作涉及行业众多、领域广泛，多个政府职能部门均有监管职责，根据《安全生产法》规定"安全生产工作实行管行业必须管安全、管业务必须管安全、管生产经营必须管安全"，交通运输、住房和城乡建设、水利、民航等政府相关职能部门，在各自的职责范围内对有关行业、领域的安全生产工作实施监督管理。2020年4月1

日，国务院安全生产委员会《全国安全生产专项整治三年行动计划》将安全生产工作划分为9个行业领域，分别是危险化学品、煤矿、非煤矿山、消防安全、道路运输安全、交通运输（民航、铁路、邮政、水上和城市）和渔业船舶安全、城市建设安全、工业园区等功能区、危险废物。根据《国务院安全生产委员会成员单位安全生产工作任务分工》，应急管理部、公安部、生态环境部、住房和城乡建设部、交通运输部等37个部门在各自行业领域都负有安全生产监督管理职责。有的行业领域，多个部门都有监管职责，存在职能交叉，如"道路运输安全"领域，交通运输、公安、应急管理等部门均有一定监管职责。虽然安全生产工作监管部门众多，但是"八号检察建议"指出的是安全生产监管工作的共性问题，并非某个具体部门的特有问题，由于《安全生产法》规定"国务院应急管理部门依照本法，对全国安全生产工作实施综合监督管理"，中央办公厅、国务院办公厅《应急管理部职能配置、内设机构和人员编制规定》明确，应急管理部负责安全生产综合监督管理和工矿商贸行业安全生产监督管理工作，指导协调、监督检查国务院有关部门和各省（自治区、直辖市）政府安全生产工作等，其直接监督管理的行业领域包括冶金、有色、建材、机械、轻工、纺织、烟草、商贸等工贸行业、危险化学品、消防、煤和非煤矿山等，因此，由应急管理部来统筹检察建议有关内容的落实最为适宜，经商应急管理部后，将其作为制发对象。

鉴于近年来交通、住建、燃气、矿山等领域事故多发，安全生产存在共性问题突出，同时考虑到当前安全生产监管统筹协调工作有待加强，对执法监管人员事故前调查处置力度不足，为推动多部门联动，"八号检察建议"同步抄送中央纪委国家监委、国务院安全生产委员会及近年来事故量较大的公安、生态环境、住房和城乡建设、交通运输、国家能源等国务院相关行业主管部门，提请其注意有关问题，完善相关工作，共促安全生产治理水平提升。

要避免生产安全事故发生，切实提高安全生产水平，实现安全生产治理体系和治理能力的现代化，除了政府职能部门要加强监管外，也需要生产经营单位切实履行主体责任、相关从业人员提高安全意识和安全生产能力，需要充分调动社会各方面积极因素，激发广大人民群众参与安全生产社会治理的能动性。检察建议也提出要"完善安全生产举报投诉机制，加大举报奖励力度，拓宽监督线索来源，调动全社会力量参与安全生产监督"。

四、制发目的

生产安全事故的发生往往多因一果，原因复杂，我们通过分析大量数据、案例来梳理总结导致生产安全事故发生的各方面原因，发现其中最为突出的原因是抓早抓小不够，对相关责任人员在事故前处罚不够。在航空安全领域存在著名的海恩法则，即认为每一起严重事故的背后，必然有29起轻微事故和300起未遂先兆以及1000起事故隐患。危害生产安全刑事犯罪多为过失犯罪，具有可预防性。经对近年来检察机关办案涉及的百余个生产安全事故调查报告分析发现，几乎所有事故在发生前都有苗头出现，企业已存在安全风险隐患，违规违法生产行为多有发生，但在基层执法监管中没有及时发现并予以查处或处罚整改，最终酿成大祸。突出表现为一些一线执法部门排查管控履职缺位，忽视事故征兆和苗头，对已发现违法违规行为不及时进行处罚制止，导致违法违规行为"一路绿灯"、安全隐患不断放大，或者对违法违规行为查处后，跟踪督促整改落实不到位，存在"一罚了之"现象，这些都给事故的发生埋下巨大的隐患。同时，调研中发现，对执法监管人员在重大事故发生前的监管失职渎职行为，主管机关未及时调查和追责，一直存在不出事不追责的消极监管理念。

制发"八号检察建议"的重要目的就是让"防患于未然""抓早抓小抓苗头"的理念深入人心，敦促执法监管关口前移，"销恶于未萌，弥祸于未形"，一方面，建议执法监管人员日常执法监管中，注重安全风险管控和隐患排查治理，对企业的违法违规行为及时查处，督促企业切实履行主体责任，增强企业安全生产内生动力；另一方面，建议应急管理部门加大对执法监管人员日常执法中失职渎职、违法违纪行为的调查、追责力度，把纪律挺在前面，将"严管"体现在平时，使执法监管人员不致由"小错"演变为"大错"，不致由事故前的"轻处分"发展为事故后的"重追责"，通过敦促执法监管人员依法充分履职，最大限度避免事故发生。

五、主要内容

"八号检察建议"以问题为导向，重点梳理出安全生产领域存在的突出共性问题，并提出相关对策建议。

（一）存在的问题

一是一些地方对党中央、国务院有关安全生产工作的决策部署和相关法律法规贯彻落实不到位。党的十八大以来，党中央、国务院对安全生产工作多次作出重大决策部署，由于一些地方特别是市、县两级在落实上打折扣，导致安全生产隐患累积，最终酿成严重生产安全事故。如有的地方为了招商引资，没有对辖区内行业安全生产风险进行辨识管控，违法将规划许可审批权下放，导致易燃易爆、高毒高危建设项目未批先建，为事故发生埋下隐患。

二是抓早抓小抓苗头意识不强、措施不力。表现为：有的监管人员工作严重不负责任，执法监管流于形式，放任风险隐患滋生蔓延。有的监管人员对群众举报或者执法中已排查出的企业安全生产违规违法行为消极放任、不闻不问，最终"小拖大、大拖炸"。有的监管人员不作为乱作为，为企业违规违法大开方便之门。

三是一些监管职责不清、责任不明。目前，安全生产工作由多部门齐抓共管，这固然有助于形成工作合力，但多头管理、"九龙治水"的监管模式也容易出现相互推诿、监管不力，甚至无人监管现象。有的监管事项存在部门交叉，相关监管部门对各自职责界限认识不一，相互之间衔接不畅。有的新兴业态行业领域存在监管盲区，隐患风险大。

四是一些企业安全生产主体责任落实不力。一些企业片面追求利润最大化，不落实安全生产主体责任，是事故发生的直接重要原因。主要表现在：第一，风险隐患排查制度落实不到位，企业负责人、安全管理人员等主体监管责任不落实，对现场违规违章作业等风险隐患不能及时发现、排除。第二，企业日常生产经营管理违规违法，给安全生产留下隐患。如有的违规转包发包、挂靠；特殊工种作业人员无证上岗、假证上岗等；有的未办理安全生产许可证、经营许可证等行政许可审批手续，无资质承揽工程，非法生产经营；有的被监管部门责令停产后拒不执行，恶意改装、关闭预警监测设备，逃避监管，或暗地私自恢复生产。第三，预警监测设备、备用备份装置等安全生产设施和条件投入不足、配备不到位，或设备更新维护不及时。第四，从业人员安全生产教育培训不到位，应急演练不够，不少从业人员危险辨识能力不足、应急处置能力不具备，事故发生后，有的盲目应急自救造成损害结果进一步扩大。

（二）主要建议

一是认真落实党中央、国务院关于安全生产工作的决策部署。协调推动各级党委政府严格执行《地方党政领导干部安全生产责任制规定》，层层负起安全生产工作领导责任和属地监管责任，共同落实好"三管三必须"要求。督促指导相关职能部门严格严肃能动履职，加强和改进监督检查，加大考核通报力度，及时消除日常严格执法中发现的各类安全事故隐患。会同有关部门共同研究制定安全生产监管权力清单，解决权责不清或监管盲区等问题。在事故调查中，坚持对事的"问题"调查与对人的"问责"调查并重，从更深层次分析事故原因，汲取事故教训，及时有效开展行业整改。

二是把抓早抓小抓苗头作为保障安全生产的重中之重。增强"风险即危险""隐患即事故"的责任意识，既要抓末端、治已病，更重抓前端、治未病，加大安全风险隐患排查整治力度，防患于未然，有效避免生产安全事故的发生。注重监管"关口前移"，针对不同行业领域特点，建立和完善安全风险分级管控和隐患排查治理双重预防机制。逐步建立全国性的生产经营单位安全生产信用体系，将失信企业纳入"黑名单"，实施联合惩戒。严格依法综合运用罚款、停产停业整顿、吊销许可证件等行政处罚措施。同时，提高执法的精准性和有效性，避免"企业得病，行业吃药"，防止不当行政命令、过度执法影响当地企业正常生产经营和经济发展。加强信息化、科技化手段应用，进一步扩大监测联网范围，推动线上线下融通执法，提高监管的规范化、精准化、智能化水平。完善安全生产举报投诉机制，加大举报奖励力度，拓宽监督线索来源，调动全社会力量参与安全生产监督。

三是加大对执法监管人员失职渎职等违法违纪行为的调查追责力度。建议健全完善事前事后相结合的追责体系，对事故发生后相关责任人员要从严从重追责，同时更重视对事故前执法监管人员失职渎职行为的从严从实追责。加大对各级执法监管人员日常执法中失职渎职、不作为乱作为等违法违纪行为的调查、追责力度，通过"织密法网"及时查处，给执法监管人员戴上"紧箍咒"，促使执法监管人员依法履职、充分履职，以促使责任落实有效防范避免重大事故发生。健全完善安全生产违法违纪问题线索移送机制，发现监管人员在项目审批、行政许可、监管执法等过程中存在渎职或者受贿等职务违法犯罪行为，依法及时移送纪检监察机关等部门。跟踪事故调查报告中建议处理人员的后续处理情况，对于后期追责不当或者应追责不追责等情况，及时向有关部门反映。

四是督促企业切实履行主体责任，增强企业安全生产内生动力。推动企业建立健全安全生产责任制，重点强化企业负责人、安全管理人员安全生产履职考核机制，通过抓住"关键少数"，推动企业安全生产责任制落到实处。督促企业加强安全生产设施设备的检修维护、更新换代，统筹协调给予政策优惠，帮助企业特别是小微企业提升安全生产软硬件水平。督促企业加强员工安全生产教育培训，严把考试考核关和特种作业资质授予条件，提高从业人员安全防范和应急处置能力。对违规违法生产经营发生事故涉嫌犯罪的，积极配合检察机关对符合条件的涉案企业开展合规监管考察，促使企业健全完善安全管理制度。结合已发生事故情形，分行业分领域逐步建立生产安全事故情景构建和模拟应急处置机制，形成制度化操作，防止事故发生，减少人员伤亡。

案例指导
Anli Zhidao

案例指导

检察机关贯彻少捕慎诉慎押刑事司法政策典型案例（第一批）

案例一 姜某故意伤害案

——对民间纠纷引发的轻伤害案件，在矛盾化解、达成和解基础上依法对犯罪嫌疑人从宽作出不起诉处理

【基本案情】

被不起诉人姜某，男，1994年10月出生，农民。

被害人何某，男，1978年9月出生，农民。

姜某与被害人何某系邻居，两家因相邻通道使用问题多次发生矛盾，积怨颇深。2020年2月15日，何某阻止为姜某家送装热水器的车辆从其门口通过，姜某获悉后，持斧头到何某家门口，揪住何某妻子的衣领质问不让通行原因。何某闻讯赶到后与姜某发生争执，姜某用斧背打伤何某后背、面部等部位，致其右侧额骨骨折，左侧眼周挫伤。经鉴定，何某两处伤情分别构成轻伤二级和轻微伤。

2020年2月27日，贵州省岑巩县公安局立案侦查，3月1日对姜某采取取保候审强制措施。

【检察机关履职情况】

1. 全面查实案情，厘清原委。公安机关于 2020 年 4 月 28 日以姜某涉嫌故意伤害罪将该案移送贵州省岑巩县人民检察院审查起诉。承办检察官通过深入当地镇政府、村委会，到纠纷路段实地查看，调阅双方民事纠纷诉讼卷宗，与村民交流等方式，全面了解双方纠纷积怨产生的前因后果及争议通道的权属问题，倾听双方诉求，了解双方"心结"，针对性制定矛盾化解方案。

2. 通过检调对接，促成和解。承办检察官会同当地镇政府工作人员、人民调解员到当事人家中，通报纠纷通道归属调查结果，提出双方共同使用、共同维护的处理方案，并联合侦查人员、驻村网格员核实被害人实际损失，明确双方责任划分。在检察机关协调下，该镇人民调解委员会、驻村网格员组织双方当事人调解，就通道问题达成共同使用、共同维护的书面协议。姜某主动向何某赔礼道歉，当场赔付何某住院费、务工损失费等各项损失，何某接受道歉并出具谅解书。

3. 组织公开听证，听取各方意见。检察机关组织召开案件公开听证会，邀请人大代表、政协委员、律师、脱贫攻坚包村干部、侦查人员等参加。听证会上，检察机关就案件事实、证据认定、法律适用以及拟对姜某作出不起诉决定的理由和法律依据进行了充分阐释。听证人员一致同意对姜某作不起诉处理。2020 年 5 月 9 日，检察机关依法对姜某作出不起诉决定。作出不起诉决定六个月后，承办检察官回访了当地镇党委、村委会和当事人，经了解，双方均按照协议管理、维护共同通道，和睦相处，多年的心结已经打开，不起诉效果良好。

【典型意义】

因邻里纠纷、民间矛盾引发的轻伤害案件常见多发，如果简单追诉、处理不当，容易进一步激化矛盾，形成更深的积怨，甚至与搬不走的邻居结下"世仇"，埋下更大隐患。检察机关在办理此类案件时，要坚持能动司法、主动履职，以少捕慎诉慎押刑事司法政策为指导，深入了解矛盾纠纷产生的根源，注意倾听当事人的想法，充分借助基层人民政府和村民委员会等群众自治组织等各方面力量，善于运用检调对接、检察听证、刑事和解、认罪认罚从宽等制度机制促进矛盾化解，通过办案修复社会关系，减少社会对抗，实现办案政治效果、法律效果和社会效果的有机统一。

案例二 徐某故意伤害案

——准确判断把握轻伤害案件中社会危险性和起诉必要性，依法从严逮捕、起诉

【基本案情】

被告人徐某，男，1983年8月出生，与被害人系同居关系。

被害人梁某，女，1986年1月出生。

2020年12月23日凌晨，徐某因怀疑梁某与其他男性交往，用事先准备的尖刀划刺梁某胸部、背部。梁某边闪躲边求饶并试图夺刀，徐某仍继续用刀扎刺梁某手、腿等部位，见梁某身体多处伤口出血才停手，后随同他人将梁某送往医院救治。经鉴定，梁某三处伤势构成轻伤二级、一处伤势为轻微伤。

2020年12月24日，浙江省宁波市公安局杭州湾新区分局立案侦查。

【检察机关履职情况】

1.准确把握社会危险性条件，依法批准逮捕。2020年12月31日，公安机关提请批准逮捕徐某，浙江省慈溪市人民检察院通过审查案卷材料、讯问犯罪嫌疑人、询问被害人等，查明本案犯罪事实和情节。一是同居期间，徐某曾以"分手就骚扰你全家"等言语进行恐吓、威胁，并数次殴打梁某，曾致其受伤就医。如果采取取保候审强制措施，徐某存在再次伤害梁某或其家人的可能。二是面对梁某多处刀伤的事实，徐某对事先准备刀具、蓄意伤害梁某等关键犯罪细节予以回避，始终不认罪，无悔罪表现。检察机关认为，徐某可能对被害人实施新的犯罪，且不认罪，有严重的社会危险性，于2021年1月7日决定对其批准逮捕。

2.全面评估起诉必要性，依法提起公诉。检察机关全面审查徐某的主观恶性、行为后果、赔偿情况及认罪悔罪等表现，得出以下判断：一是徐某主观上有明显过错。徐某在与梁某长达三年的交往过程中，始终隐瞒自己已婚已育的事实，且多次言语辱骂甚至暴力殴打梁某。二是犯罪情节恶劣。徐某趁梁某卧床休息之机，用事先准备的刀具对其身体连续划刺，梁某求饶时仍不停手，最终造成梁某肋骨骨折、气胸及上肢、下肢、前胸和后背9处刀伤，手段恶劣，后果严重。三是不认罪不悔罪。经证据开示、释法说理，徐某始终不认罪，且拒不赔偿被害人的医药费、后续治疗费用。检察机关对徐某的主观恶性、过错程度、犯罪手段、后果、认罪悔罪等量化评估后，认为有起诉必要。2021年4月2日，检察机关依法对徐某提起公诉，并建议判处有期徒刑一年八个月。6月3日，浙江省慈溪市人民法院作出判决，采纳检察机关量刑建议。徐某提出上诉，7月6日，浙江省宁波市中级人民法院裁定驳回上诉，维持原判。

【典型意义】

少捕慎诉慎押刑事司法政策是宽严相济刑事政策在刑事诉讼中的具体体现。对于轻罪案件一般应体现从宽的政策要求，能不捕的不捕，能不诉的不诉。但是，对于犯罪情节恶劣、社会危险性大、拒不认罪悔罪的，当严则严，该捕即捕，依法追诉，保护被害人合法权益，维护社会公平正义。需要强调，对于轻罪案件坚持少捕慎诉政策绝不等于一律不捕、一律不诉，要区分情况、区别对待。检察机关要从犯罪手段是否恶劣、危害后果是否严重、是否退赃退赔、是否真心认罪悔罪、被害人是否有过错及过错程度等方面综合考量，准确评估社会危险性和起诉必要性，依法作出是否逮捕、是否起诉的决定。

案例三　廖某危害珍贵、濒危野生动物、非法狩猎案

——虽罪行较重，但无社会危险性不批捕，起诉后判处实刑

【基本案情】

被告人廖某，男，1973年6月出生，农民。

2018年10月至2019年2月间，廖某在未取得特许猎捕证的情况下，先后多次、分批设置猎套和猎夹，在重庆市开州区某山林猎捕野生动物。廖某使用禁猎工具，在禁猎期、禁猎区内非法狩猎，共猎获

动物20余只。其中，猎获物中有国家一级重点保护野生动物林麝3只、国家二级重点保护野生动物斑羚1只，有被列入《国家保护的有益的或者有重要经济、科学研究价值的陆生野生动物名录》的小麂2只、毛冠鹿1只、果子狸1只、猪獾5只、红白鼯鼠2只等。廖某将猎获物部分食用，部分销售给他人，剩余部分储存在自家冰柜中。

2020年7月30日，重庆市开州区公安局对廖某涉嫌非法猎捕珍贵、濒危野生动物案立案侦查，于7月31日对其采取取保候审强制措施，8月31日提请批准逮捕。

【检察机关履职情况】

1. 实地走访调查，掌握社会危险性评估的背景情况。承办检察官实地查看廖某家庭生产生活状况、走访所在地派出所及驻村帮扶干部，了解到廖某家中有三个女儿正在上学，父母年迈患病，其是家庭经济支柱，平时靠务农和打零工支撑家庭生活。如果立即对廖某逮捕，其将无法妥善安排羁押后子女就学、父母就医等一系列实际问题。

2. 认真审查判断，准确评估社会危险性。承办检察官审查认为，廖某的行为已涉嫌构成非法狩猎罪和非法猎捕珍贵、濒危野生动物罪，且情节严重，依法可能判处五年以上十年以下有期徒刑。但考虑到廖某系因对其行为的违法性及其后果认识不足而实施犯罪，无其他犯罪前科，主观恶性不大；犯罪后自首且自愿认罪认罚；系边远山区务农人员，平时表现较好；本案证据已收集固定完毕，不致发生毁灭、伪造证据、串供或者逃跑等情况。重庆市开州区人民检察院经充分评估，认为对廖某采取取保候审足以防止发生社会危险性，于2020年9月18日作出不批准逮捕决定。

3. 依法提起公诉，打破"不捕就是不罚"认识误区。案件作出不批准逮捕决定后，检察机关继续关注廖某的社会危险性，确定廖某自觉遵守取保候审强制措施规定，在侦查阶段、审查起诉阶段均能到案接受讯问。根据廖某的犯罪事实和情节，检察机关2021年1月4日依法以涉嫌非法狩猎罪和非法猎捕珍贵、濒危野生动物罪提起公诉。因涉案野生动物种类、数量等已达到情节严重，检察机关提出有期徒刑五年六个月，并处罚金人民币五千元的量刑建议。法庭审理期间，廖某主动到案接受审判。重庆市万州区人民法院采纳检察机关量刑建议，因《最高人民法院、最高人民检察院〈关于执行中华人民共和国刑法确定罪名的补充规定（七）〉》将"非法猎捕珍贵、濒危野生动物罪"变更为"危害珍贵、濒危野生动物罪"，于2021年3月16日依法以危害珍贵、濒危野生动物罪、非法狩猎罪作出判决。廖某认罪服判。

4. 参与社会治理，积极协调帮扶措施。检察机关向廖某所在地党委政府反映其涉案且家庭贫困的情况，协助廖某向有关部门申请教育资助以解决子女就学问题，协调相关医疗机构为其父母办理慢病卡以解决就医问题。通过协调解决廖某家庭困难问题，促使其自愿认罪认罚，并安心接受刑事处罚和教育改造。

【典型意义】

1. 准确把握社会危险性条件在决定是否逮捕羁押中的作用。对犯罪嫌疑人主观恶性不大、案件证据已经固定、采取非羁押强制措施足以防止发生社会危险性的，即使犯罪嫌疑人可能被判处较重刑罚，也可以依法适用非羁押强制措施。同时，要加强对犯罪嫌疑人、被告人的监督管理，促使其严格遵守取保候审的各项制度，并自觉自愿到案接受讯问和审判，保障刑事诉讼顺利进行。

2. 正确处理程序保障与实体裁处的关系。不捕并非不罚。对于取保候审的被告人，检察机关审查认为构成犯罪且依法需要判处实刑的，应当在提起公诉时提出判处实刑的量刑建议。本案被告人能够自觉遵守取保候审规定，配合侦查起诉，经人民法院依法判决后被顺利收监服刑，很好体现了程序保障与实体裁处的法律关系。

案例四　韩某等 47 人诈骗案

——区分情形，分类处理，对非羁押人员运用科技手段实施监管，保障诉讼顺利进行

【基本案情】

被告人韩某，女，1997 年 11 月出生，河南某高校本科毕业，河南工作。

被不起诉人马某，男，1997 年 4 月出生，河南某高校本科毕业，北京工作。

本案其他 45 名被不起诉人基本情况略。

2019 年 6 月，浙江省杭州市为吸引人才安家落户出台了相关政策，对来杭州工作的本科及以上学历应届毕业生发放一次性生活补贴，其中，本科 1 万元、硕士 3 万元。毕业生在申请补贴时限内，需在杭州市用人单位就业或自主创业，并按规定缴纳社会保险。

2020 年 5 月至 6 月期间，韩某、马某等 47 名不符合上述补贴领取条件的应届毕业生，通过中介人员邱某（因本案，以诈骗罪被判处有期徒刑四年六个月，并处罚金 4 万元）操作，挂靠在邱某所在的杭州某公司短暂缴纳社保，虚构在杭州劳动关系，骗领补贴共计人民币

49万元。其中，韩某骗领补贴1万元后，又介绍其他9名人员以相同方式骗领补贴9万元，并收取好处费；马某等其余46人分别骗领补贴1万元或3万元不等。

2020年10月，浙江省杭州市公安局萧山区分局对该案立案侦查。

【检察机关履职情况】

1. 运用"非羁码"科技手段监管，加强对非羁押人员监督管理。浙江省杭州市萧山区人民检察院应邀介入该批大学生骗补案件，针对强制措施适用建议公安机关分类处理，对专门以骗补为业的中介人员邱某等建议提请批准逮捕，从严惩处；对认罪态度好的涉案大学生韩某等人建议适用取保候审措施，从宽处理。公安机关于2020年12月对韩某等47人取保候审，为保证诉讼顺利进行，运用杭州市检察院、公安局联合开发的"非羁码"数字监管系统，对取保候审人员、办案人员同步安装"非羁码"手机端，办案人员利用外出提醒、违规预警、定时打卡和不定时抽检等多重功能，对取保候审人员"码"上进行实时监管。韩某等47人取保候审期间，均按要求定时打卡，无一人脱管失控。

2. 宽严相济，区分情形、区别对待。2020年12月25日，公安机关将韩某等47人移送审查起诉，检察机关严格审查证据，对涉案人员求学就业等情况进行补充调查。经审查认为，本案47人均涉嫌诈骗罪，但危害后果、主观恶性不同，应区别对待。其中，韩某积极介绍9名同学骗补，并收取好处费，社会危害严重，应当从严处理，依法起诉；马某等46人犯罪情节轻微，且有自首、坦白、退赃等从宽情节，均表示认罪认罚，处于稳定工作、读研的状态，符合不起诉条件，可以从宽处理。

3. 组织公开听证，听取各方意见。鉴于本案社会影响较大，检察机关组织召开听证会，邀请律师、人民监督员等担任听证员，广泛听取意见，自觉接受监督，并让涉案金额相对较大的马某等人参加。听证员一致认为，本案应给予刚出大学校门的年轻人改过自新、服务社会的机会。听取各方意见后，2021年7月23日，检察机关对马某等46人作出不起诉决定，予以了训诫，对韩某依法提起公诉。7月30日，法院判处韩某有期徒刑一年二个月，缓刑一年二个月。

4. 制发检察建议，促进完善社会管理。检察机关办案中发现，杭州市应届高学历毕业生生活补贴的申领手续相对粗疏，核发流程尽管快捷方便，但容易造成国家人才补贴款流失。对此，检察机关建议有关职能部门弥补政策制度漏洞、加大监管力度、加强法制宣传、开展政府补贴专项巡查行动等。经共同努力，2021年10月，有关职能部门调整了补贴政策，从源头上防范了骗补风险。

【典型意义】

1. 区分情形，区别对待，准确把握少捕慎诉慎押刑事司法政策。检察机关审查逮捕、审查起诉过程中，对此类案件，要注重全面审查、综合衡量，结合具体情形，区别对待。对犯罪情节轻微，认罪悔罪的，要依法从宽处理；对社会危害性大、主观恶性大、情节恶劣的，该捕即捕，依法追诉。

2. 运用科技手段对非羁押犯罪嫌疑人有效监管。落实少捕慎诉慎押刑事司法政策过程中，支持积极探索现代科技手段在非羁押强制措施适用中的运用，推广"非羁码"等数据监管系统，提高监管效能，降低监管成本，更好保障刑事诉讼顺利进行。

3. 延伸职能，积极开展诉源治理。检察机关办案过程中，应主动延伸检察职能，深挖案件背后可能存在的社会管理问题，及时向有关部门反映情况，有针对性提出建章立制的建议，堵塞制度漏洞，强化犯罪预防，用检察担当助力社会治理。

案例五　张某等16人开设赌场案

——共同犯罪分层处理，发挥政策感召作用敦促投案、退赃，运用电子监控手段有效保障诉讼

【基本案情】

被告人张某，男，1973年4月出生，无业。

被告人李某，男，1985年5月出生，无业。

被告人吕某，男，1995年12月出生，无业。

被告人冯某，女，1974年4月出生，某劳务公司法定代表人。

本案其他12名被告人基本情况略。

2018年7月以来，被告人张某、李某在菲律宾共同成立"风云国际"赌博网站，通过网络组织赌博活动。

2019年9月，该赌博网站在广西玉林市设立客服推广平台，由被告人吕某负责赌博平台管理，被告人张某超负责网络设备维护，被告人张某霞、刘某等9人负责网站推广、充值、兑换筹码等，被告人梁某建、梁某负责将该赌博网站非法所得提现，提现后将现金交给被告人张某及冯某保管、使用。参赌人员通过接收网站链接，下载安装注册后联系客服人员将人民币兑换为虚拟的游戏币，在虚拟赌博游戏房间参加赌博游戏。自2018年9月至2019年11月，该赌博网站违法运

营获利共计人民币 685.84 万元。

居住在山东省东营市的参赌人员报案后，山东省东营市公安局于 2019 年 9 月 9 日对本案立案侦查。

【检察机关履职情况】

1. 介入侦查，引导取证。本案系在境外开设网络赌博网站组织赌博的新型网络犯罪，涉案人数多、层级关系复杂、作案手法专业性强。山东省东营市人民检察院发挥与公安机关的检警协作机制，第一时间介入侦查，协助公安机关明晰侦查思路和取证方向，最大限度补充完善相关证据，并就贯彻宽严相济刑事政策和少捕慎诉慎押刑事司法政策达成共识。

2. 区分情况、区别对待、分层处理。根据犯罪嫌疑人在共同犯罪中的地位、作用，检察机关提出分层处理，建议将涉案人员分为三类：第一类是张某、李某、吕某，三人负责平台组建、管理，在犯罪中起组织、领导、管理作用，系主犯；第二类是张某超等 11 人，负责赌博网站维护、推广、操作、充值、计分等，系从犯；第三类是梁某等 2 人，运用银行卡取现的人员，情节较轻。根据三类人员犯罪作用的大小、主观恶性、社会危害性并结合认罪态度、退赃情况，综合判断社会危险性，区分适用强制措施。公安机关将张某、李某、吕某提请检察机关审查批准逮捕，对其余 13 名从犯采取取保候审强制措施。检察机关于 2019 年 12 月 23 日以涉嫌开设赌场罪对张某、李某、吕某批准逮捕。后公安机关移送审查起诉，东营市人民检察院将案件交东营市东营区人民检察院办理。检察机关审查后根据犯罪嫌疑人的犯罪情节、作用、到案后表现等，于 2020 年 7 月、12 月将张某等 16 人依法提起公诉。法院对张某等 3 名主犯依法判处有期徒刑三年至五年六个月不等，对认罪认罚的冯某等 11 名从犯依法判处有期徒刑十个月至一年八个月不等，对认罪认罚的梁某等 2 人依法判处有期徒刑一年缓刑一年。

3. 依托非羁押数字监管手段，实现对异地取保候审的有效监管。该案犯罪嫌疑人居住地多在广西玉林，与案件承办地距离遥远，公安机关、检察机关借助非羁押诉讼电子监管平台，依托手机 APP 数字监管，运用大数据、定位追踪等科技手段，通过外出提醒、违规预警、定时打卡和不定时抽检，对 13 名犯罪嫌疑人就地采取取保候审强制措施，进行 24 小时电子监管，实现对异地取保候审的有效监管，保障诉讼顺利进行。检察机关对被取保候审的犯罪嫌疑人充分释法说理，告知取保候审义务及违反规定需承担的法律责任。被取保候审的 13 名犯罪嫌疑人均自愿认罪认罚，主动配合监管，无一人出现脱管。

4. 发挥政策教育感化作用，敦促其他犯罪嫌疑人投案自首，退赃退赔。经过教育转化，主犯张某规劝多名在境外的同案犯投案自首。案件办理期间，共有 11 名同案犯在得知本案从犯未被逮捕羁押且获得从宽处理后，受政策感召回国投案自首。主犯张某也因劝返同案犯被依法认定为立功。同时，公安、检察机关积极开展追赃挽损工作，被告人及其家属积极配合侦查，主动退赃退赔，共上交违法所得 415.2 万元，缴纳罚金 45 万元，最大限度挽回被害人损失。

【典型意义】

1. 检警协同推进，深入贯彻少捕慎诉慎押刑事司法政策。跨境网络赌博等新型网络犯罪存在犯罪嫌疑人多、上下线关系复杂、取证难度大的特点。公安、检察机关应密切检警协作，协同研判侦查方向，确定取证重点，夯实证据基础。通过加强与公安机关沟通交流，促进形成政策共识，以宽严相济为指导，共同落实少捕慎诉慎押刑事司法政策。要围绕网络赌博犯罪的内容、方式、参与人员情况等，结合犯罪事实、嫌疑人地位作用及认罪悔罪表现，用足用好认罪认罚从宽制度，分层、分策科学处置。对赌博网站的搭建和组织管理者，要依法严惩。对具有初犯、偶犯、自首等情节的一般参加人员和在校学生等，应以教育挽救警示为主。办案中，既要体现对共同犯罪中危害严重、社会危险性大、作用突出的主犯从严逮捕、起诉、惩治的政策取向，也要体现对罪行较轻的从犯予以从宽取保候审、从宽追究刑事责任的态度。

2. 依托电子监管平台，推进扩大适用非羁押强制措施。网络犯罪涉及环节多、人员分散，绝大多数需要跨省办案，为非羁押强制措施适用带来很大困难。随着现代科技手段应用，以往只有"关起来"才能"管得住"的犯罪嫌疑人，通过运用非羁押电子监管措施，进行全方位、全时段、无死角监管，既保障了刑事诉讼顺利进行，维护了犯罪嫌疑人的诉讼权利，促进了社会和谐稳定，又拓宽了取保候审的便利性，为异地取保候审提供了科技保障，大大节约了司法资源。在本案诉讼期间，又先后有11名同案犯因受政策感召回国投案自首，进一步扩大了办理案件的积极效果。

案例指导

以宽严相济为指导
依法充分准确适用少捕慎诉慎押刑事司法政策
——最高人民检察院第一检察厅负责人就检察机关
贯彻少捕慎诉慎押刑事司法政策典型案例
（第一批）答记者问

中国特色社会主义进入新时代，我国社会主要矛盾已经转化为人民日益增长的美好生活需要和不平衡不充分的发展之间的矛盾。人民美好生活需要日益广泛，不仅对物质文化生活提出更高要求，而且在民主、法治、公平、正义、安全、环境等方面的要求日益增长。为适应人民的法治新需求，近年来，最高人民检察院积极倡导少捕慎诉慎押司法理念，对于指导刑事办案实践发挥了积极效果。2021年4月，少捕慎诉慎押被中央确立为党和国家的刑事司法政策，对促进社会和谐稳定、强化人权司法保障、节约执法司法资源、推动以检察司法高质量发展服务经济社会高质量发展，具有重要意义。为全面贯彻落实宽严相济刑事政策，依法、充分、准确适用少捕慎诉慎押，2021年11月29日，最高人民检察院发布第一批少捕慎诉慎押典型案例，最高人民检察院第一检察厅厅长苗生明就相关问题回答了记者提问。

问： 高检院以贯彻少捕慎诉慎押刑事司法政策为主题专门发布典型案例，而且还要分批次陆续发布，主要有什么考虑？

答：为加强对少捕慎诉慎押刑事司法政策的宣传解读，更直观、更有效地指导司法实践准确把握政策要求，教育引导犯罪嫌疑人认罪认罚、悔过自新，高检院决定分批次陆续发布少捕慎诉慎押典型案例，主要考虑：

一是推动贯彻落实少捕慎诉慎押刑事司法政策的需要。统计数据表明，近年来，伴随着少捕慎诉慎押司法理念日益发挥指导作用，以及认罪认罚从宽制度全面实施、高比例适用，检察机关不捕率、不诉率以及诉前羁押率发生了比较明显的变化。2021年1至10月，全国检察机关不捕率为29.9%，同比增加7.4个百分点，其中，无逮捕必要不捕占48.5%，同比增加11.4个百分点；不起诉率为15.0%，同比增加1.9个百分点，其中，相对不起诉占86.6%，同比增加4.7个百分点；诉前羁押率为49.7%，同比下降4.6个百分点，少捕慎诉慎押取得一定成效。这既顺应了新时代人民日益增长的美好生活需要，体现了司法机关对于惩治犯罪与保障人权不平衡关系上作出的必要调整，同时也是20多年来我国刑事犯罪结构发生重大变化的必然要求。我国社会保持长期稳定，严重暴力犯罪比例大幅下降，检察机关作出不起诉和法院判处三年有期徒刑以下刑罚的人数超过80%，认罪认罚从宽制度适用率稳定保持在80%以上，这些轻罪案件、认罪认罚案件中被采取取保候审措施的犯罪嫌疑人，一般很少脱逃。但是，我们也应当看到，长期以来，我国对刑事犯罪逮捕羁押普遍化、常态化问题比较突出，在刑事诉讼中过度依赖羁押强制措施，而且羁押案件中轻罪占比高，羁押后判处缓刑、管制、拘役、免予刑事处罚等轻刑率高，"一押到底""关多久判多久"等不合理现象不同程度存在。虽然近年来司法机关一直努力推动减少逮捕羁押，但仍存在思想认识不够统一、"重实体轻程序""重打击轻保护"，以及非羁押强制措施运行欠佳等问题。

因此，通过发布典型案例，有利于进一步宣传和落实少捕慎诉慎押刑事司法政策。

二是指导检察办案，凝聚司法共识的需要。少捕慎诉慎押刑事司法政策是宽严相济刑事政策在刑事诉讼程序中关于捕、诉、押等重要司法裁处的具体要求，必须以宽严相济为指导，作出是否逮捕、起诉和继续羁押的决定。在办案中应当坚持区分情形、区别对待的原则，做到当宽则宽、当严则严、宽严相济、宽严有度。少捕慎诉慎押是具体政策引领，宽严相济是尺度把握，应当以辩证思维、全面理解，确保准确运用，不能搞"一刀切"、片面化、简单化。通过发布典型案例，一方面表明对轻微犯罪、过失犯罪，以及未成年人、老年人、在校学生犯罪等，符合不捕不诉条件的，要依法作出不捕不诉；另一方面对那些虽然犯罪较轻，但情节恶劣、不认罪不认罚、社会危害性大的，要依法批捕起诉，体现从严惩治政策取向。需要强调的是，对于恐怖活动、涉黑涉恶等严重危害国家安全、公共安全的犯罪，故意杀人、强奸、绑架等严重暴力犯罪等，应依法从严羁押、从严追诉、从重打击。

三是回应社会关切，争取人民群众支持的需要。由于长期司法实践惯性的影响和法治普及的不足，社会公众往往把"捕与不捕"等同于"罪与非罪"，把"诉与不诉"等同于"罚与不罚"、不承担任何法律责任。通过发布典型案例表明，强制措施的功能就在于保障刑事诉讼顺利进行，不逮捕关押并不意味着不起诉，更不意味着没有犯罪、不再追究刑事责任，不起诉虽然不再承担刑事责任，但依法应当给予行政处罚的，其行政处罚的法律责任不能免除，而且比一般违法行为的责任还要更重。当然，作出逮捕决定，也不意味着"一押到底"，在诉讼过程中，检察机关全流程开展羁押必要性审查，对犯罪嫌疑人、被告人不需要羁押的，会依法变更或者建议公安机关、人民法院变更强制措施。同样，被采取取保候审措施也不意味着"一成不变"，如果再犯罪或者违反相关规定，也会被依法变更为逮捕措施。

问：高检院发布的这一批少捕慎诉慎押典型案例有什么特点？

答：这一批典型案例有一些共同的特点，都体现了宽严相济刑事政策的要求，做到了当宽则宽、当严则严、宽严相济，同时检察机关在办案中公开听证，注重听取各方意见，并且积极开展诉源治理，助推社会治理体系和治理能力现代化。具体来说：

一是体现了对宽严相济刑事政策的全面落实。对因民间纠纷引发的轻伤害案件，犯罪嫌疑人认罪认罚，与被害人达成和解、赔偿损失、取得被害人谅解的，依法不批捕不起诉。如案例一中，姜某与被害人因相邻通道使用问题存在积怨多年，案发当天又因此争执，姜某用斧头背将被害人打成轻伤。检察机关通过检调对接，多方共同努力，化解了姜某与被害人的矛盾，促成双方和解，在此基础上依法对姜某作出不起诉处理。但同样是轻伤害犯罪的案例二中，徐某持刀扎刺与其同居的被害人胸、背、手、腿等多处部位，其中，三处伤情均达到轻伤程度。而且，徐某隐瞒自己已婚已育的情况与被害人同居，其间多次殴打被害人，并扬言骚扰被害人家人，案发后在确实、充分的证据面前拒不认罪，也不赔偿。虽然也属于轻罪案件，但犯罪情节恶劣、主观恶性大、社会危险性大，检察机关依法对徐某批准逮捕，并提起公诉，法院判处其有期徒刑一年八个月。对共同犯罪案件，根据犯罪事实、性质、情节依法区分情形、区别对待，做到宽严相济。如案例四中，韩某、马某等47名不符合补贴领取条件的应届毕业生，骗领政府生活补贴。其中，韩某积极介绍9名人员骗领补贴，并收取好处费，社会危害严重，应当从严处理，检察机关对其依法提起公诉，而马某等46人，犯罪情节轻微，具有自首、坦白、退赃等情节，检察机关依法作出不起诉处理。案例五则充分体现了对共同犯罪区分情形、分层处理的要求。

二是注重在案件作出处理决定前充分听取各方意见。检察机关对这些案件作出不起诉前，通过组织公开听证，就事实认定、法律适用和案件处理等问题听取了各方意见。如上述案例四，在对马某等人拟不起诉时，检察机关召开听证会，邀请律师、人民监督员等参加听证，广泛听取意见，自觉接受监督。参加听证人员一致认为结合本案情况，应给予刚出大学校门的年轻人改过自新、服务社会的机会。综合听证情况，检察机关依法对马某等46人作出不起诉处理。案例一中，检察机关作出不起诉前也组织了听证。

三是强调履职尽责，发挥检察职能，推动完善社会治理。检察机关办案中对案发地区、案发领域在管理、制度上的漏洞，研究提出有针对性、可操作性的检察建议，推动有关职能部门和涉案单位建章立制、堵塞漏洞、消除隐患，促进社会管理完善和依法行政水平提升。如上述韩某、马某等人诈骗案中，检察机关通过检察建议，促进职能部门调整补贴政策，从源头上杜绝骗领补贴的可能。

问： 为依法落实"少捕"政策，公安司法机关都做了哪些努力？对犯罪嫌疑人作出不逮捕决定后，能让人民群众真正放心吗？又是怎么保障诉讼顺利进行的呢？

答： 如前所述，依法落实"少捕"不是不捕。对那些严重犯罪案件，公安司法机关强调依法逮捕、起诉，从严打击；对犯罪嫌疑人认罪认罚的、双方达成刑事和解的等轻罪案件，从刑事立案之初就依法不羁押，但对轻罪案件也不是一味强调少捕，检察机关在审查逮捕时严格把握逮捕条件，作出不逮捕前要进行危险性评估，而且注重动态考察，根据诉讼需要依法及时变更强制措施。

一是依法落实"少捕"政策是一项系统工程，涉及刑事诉讼各环节，需要公安机关、检察机关、审判机关在统一尺度、优化衔接上强化协作，形成工作合力。从办案数据上看，公安机关作为刑事诉讼的起点和前端，在贯彻少捕慎诉慎押刑事司法政策上做了很大努力，效果也是明显的。比如，公安机关的提请逮捕率近年来逐年下降，2021年1—10月提请逮捕率为55.6%，较2018年下降了11个百分点，有的地区则更低，如江苏2021年以来提捕率为29.6%，山东2021年以来提捕率为34.2%。从发布的典型案例也可以看出，对一些轻罪案件，公安机关在侦查环节就采取了取保候审强制措施，从源头上降低了羁押率。再如，公安机关对于不批捕、不起诉复议复核率也在逐年下降，不批捕的复议率较2018年下降1个百分点，复核率下降0.5个百分点；不起诉复议率较2018年下降0.9个百分点，复核率下降0.5个百分点，说明司法共识逐步形成。

值得一提的是，强制措施也在逐步体现其保障诉讼顺利进行的功能定位，开始形成非羁押候审以依法是否足以保障诉讼必要为标准，对取保候审的被告人是否判处实刑以罪行本身严重程度为标准。从办案数据上看，2021年以来，检察机关采取非羁押措施提起公诉，法院审理后判处实刑8.3万余人。发布的案例三充分体现了这一点，虽然廖某犯罪行为情节严重，但综合全案考虑，对其采取取保候审强制措施足以防止发生社会危险性。检察机关作出不批准逮捕决定，后依法提起公诉。法院判处廖某有期徒刑五年六个月。廖某认罪服判。

二是在审查逮捕环节探索建立社会危险性量化评估机制。是否足以防止发生社会危险性是审查逮捕的法定条件，但是如何判断还缺少客观明确的标准，导致办案人员在把握上有一定困难，易于"一捕了之"。对此，高检院在北京、河北、山西等11个省（市）部署开展社会危险性量化评估机制试点工作，地方检察机关积极探索尝试，并运用于指导办案。如广州市南沙区检察院将量化评估因素分为人身因素、犯罪因素和妨碍诉讼因素三类，细化评估项目43项，构建社会危险性评估模型。2021年以来，该院运用量化评估机制，诉前羁押率为46.93%，同比下降了13个百分点。

三是对采取取保候审强制措施的犯罪嫌疑人，如果故意实施新的犯罪，实施毁灭伪造证据，或者有其他违反取保候审规定行为的，依法变更强制措施或者批准逮捕。2021年以来，检察机关将取保候审的犯罪嫌疑人依法变更为逮捕措施1100余人。

问： 典型案例中提到山东省东营市运用电子智能监管平台、浙江省杭州市运用"非羁码"对非羁押人员进行监管，请介绍一下具体情况。

答： 随着现代科技的发展，各地公安、司法机关积极探索运用科技手段对取保候审的犯罪嫌疑人进行监管，以往只有"关起来"才能"管得住"的犯罪嫌疑人，如今在非羁押状态下通过科技手段也能实现有效监管。早在2012年，山东省东营市河口区检察院为了防止对犯罪嫌疑人适用取保候审强制措施后发生脱逃现象，就研发了智能监管系统，并不断改进完善和实践运用。2021年以来，东营市检察院与市公安局密切配合，进一步利用大数据、云计算技术研发应用电子智能监管平台，有效防止非羁押人员脱管脱逃问题发生，共同推动依法扩大适用非羁押强制措施，目前全市诉前羁押率已经降至30%以下，刑事诉讼完全有保障。浙江省杭州市检察院联合市公安局在"城市大脑""健康码"等国内领先的大数据技术基础上，成功研发非羁押人员数字监管系统（简称"非羁码"），通过在犯罪嫌疑人的手机上安装"非羁码"APP，由犯罪嫌疑人随身携带，运用大数据、云计算、区块链等前沿科技，实现对犯罪嫌疑人全方位、全时段、无死角监管。从2020年9月份开始在全市范围推广，适用"非羁码"人数达到19138人，无一人脱管。

问：检察机关对犯罪嫌疑人作出不起诉后，是否意味着犯罪嫌疑人不再承担任何法律责任？

答：需要说明的是，检察机关对犯罪嫌疑人作出不起诉处理，并不意味着其不再承担任何法律责任。根据我国刑事诉讼法第177条第3款的规定，人民检察院决定不起诉的案件，对被不起诉人需要给予行政处罚、处分或者需要没收其违法所得的，人民检察院应当提出检察意见，移送有关主管机关处理。有关主管机关应当将处理结果及时通知人民检察院。2021年9月，高检院印发《关于推进行政执法与刑事司法衔接工作的规定》，进一步明确了相关工作程序。我们认为，对犯罪情节轻微，依照刑法规定不需要判处刑罚或者免除刑罚的犯罪嫌疑人，检察机关作出不起诉处理，符合法律规定，符合刑事政策要求，意味着不再追究他们的刑事责任，但他们的行为毕竟已经触犯了刑法，依法需要给予行政处罚、处分或者需要没收其违法所得的，检察机关有责任与有关主管机关做好衔接追究其相应的行政法律责任。如对情节轻微的醉酒驾驶案件，检察机关作出不起诉后，有关机关可以依法予以行政处罚、罚款、吊销机动车驾驶证、5年内不得重新取得等处罚。2021年以来，浙江检察机关发出检察意见1298份，实现了刑事处罚与行政处罚的有效衔接。

问：为依法、充分、准确适用少捕慎诉慎押刑事司法政策，高检院下步有什么考虑？

答： 2021年6月，中共中央印发《中共中央关于加强新时代检察机关法律监督工作的意见》，把"严格依法适用逮捕羁押措施，促进社会和谐稳定"作为检察机关一项重要任务。应该说，改变和纠正原有的对逮捕羁押强制措施的过度依赖，对公安、司法机关来说，是一个从理念到制度到能力的系统工程，对社会大众来说，也需要一个更新认识、逐步理解、支持的过程。

一是坚持党的领导，统筹推进。少捕慎诉慎押刑事司法政策是助推国家治理体系和治理能力现代化建设的重要内容，并非孤立的一项检察工作，也不是检察机关一家的任务，它贯穿于刑事诉讼全过程，有赖于侦诉审一体统筹、分工配合、互相制约，需要在党委领导下，公安机关、检察机关、审判机关以及辩护律师凝聚共识、协同发力、共同推进。

二是强化规范指引，有序推进。高检院正联合最高人民法院、公安部、国家安全部、司法部研究制定关于贯彻少捕慎诉慎押刑事司法政策的有关意见，将从严格把握逮捕措施的适用、完善非羁押强制措施体系、羁押强制措施的变更与解除，以及强化工作协作配合等方面依法推进非羁押强制措施的适用。2021年8月，高检院印发《人民检察院羁押听证办法》，通过听证，进一步优化审查逮捕、延长羁押以及羁押必要性审查的方式，对于符合规定条件的案件，通过听取当事人意见，强化司法审查属性，推动落实少捕慎押司法政策。此外，针对不起诉工作，高检院也正在研究制定相关规范。

三是开展专项活动，重点推进。对于逮捕羁押的犯罪嫌疑人、被告人开展羁押必要性审查，以确定是否有必要继续羁押，是法律规定要求检察机关履行的一项重要职责。针对检察机关羁押必要性审查职能履行偏弱，导致绝大多数逮捕羁押案件"一押到底"的现状，2021

年 7 月，高检院在全国检察机关组织开展为期半年的羁押必要性审查专项活动，其目的是通过专项活动，确保各个羁押环节准确适用、及时变更羁押强制措施，在有效减少不必要羁押、推动降低诉前羁押率、依法保障被羁押人人身权利的同时，推动实现以社会危险性条件为重点的羁押必要性审查实质化、规范化、常态化、长效化运作。

四是加强案例指导。一个案例胜过一打文件。高检院将通过陆续多批次专题发布案例，充分发挥典型案例在引导办案、法治宣传方面的作用。

五是推动完善相关工作机制。完善不捕不诉的风险评估、防控和诉讼保障机制，强化精细化审查，加强动态跟踪监督管理，构建非羁押诉讼社会支持体系，形成完善防控体系。进一步扩大非羁押电子监管系统试点范围，充分利用科技手段，积极探索适用非羁押强制措施保障机制。

检察机关依法惩治危害农资安全犯罪典型案例

案例一 张某某等人生产、销售伪劣农药案

【关键词】

生产、销售伪劣产品罪　伪劣农药　委托生产　网络销售

【基本案情】

2015年起，张某某、霍某某先后虚构"青岛某化工集团有限公司"，注册"青岛某科技服务有限公司"，在未取得农药生产、经营许可的情况下，向王某某提供标签、图样，委托其生产伪劣农药，并通过互联网在全国范围内销售。王某某以租住的民房为加工窝点，在未取得农药登记证及相关农药生产、经营许可的情况下，组织工人生产伪劣农药，销售给张某某、霍某某。截至2019年5月，张某某、霍某某生产、销售伪劣农药771万余元，王某某生产、销售伪劣农药333万余元。经农业农村部农药质量监督检验测试中心（济南）检测，加工窝点现场查扣的成品农药均不合格。

【诉讼经过】

2020年3月17日，山东省青岛市城阳区人民检察院以张某某等

三人犯生产、销售伪劣产品罪提起公诉。2021年2月8日,青岛市城阳区人民法院作出一审判决,被告人张某某、霍某某、王某某犯生产、销售伪劣产品罪,均被判处有期徒刑十五年,并处罚金人民币100万元至300万元不等。一审判决后,三被告人提出上诉。2021年4月28日,青岛市中级人民法院裁定驳回上诉,维持原判,判决已生效。

【典型意义】

1.严惩制售伪劣农药犯罪,切实保障粮食安全和农民权益。制售伪劣农药违法犯罪危及粮食安全,损害农民权益,必须从严惩处。本案伪劣农药销往全国多个省市,销售量大,涉及范围广。涉案犯罪行为包括了从原材料购进、假农资生产到全国性销售全过程,三被告人均被判十五年有期徒刑,有效打击了制售伪劣农药犯罪,震慑了潜在不法分子,维护了粮食安全。

2.加强引导侦查,准确认定伪劣农药。《农药管理条例》第四十四条规定,未依法取得农药登记证而生产的农药,按照假农药处理。本案中,检察机关并未单纯以无生产资质作为认定标准,而是要求公安机关重点围绕查获农药的实际效果以及是否符合农药标准进行取证。经引导侦查,公安机关查找到多名购买农药的实际用户,证实从被告处购买的农药使用效果不好;委托检验机构对现场查扣的农药进行检验,确定均为不合格农药。最终检察机关依据检验报告和农药实际用户的证言综合认定涉案农药为伪劣农药。

3.精准认定被告人犯罪数额,有效指控犯罪。本案伪劣农药通过互联网销售,涉及全国各地买家近千人,由公安机关逐一寻访购买人取证并不现实。检察机关根据公安机关查获张某某的19本手写记账笔记本,以及调取的7个银行账户的交易明细,将逐条整理出的近2000

条销售信息与涉案银行账户 5 年的交易流水进行对比，确认张某某、霍某某的犯罪金额；又根据张某某对自己记账习惯、常用符号的解释，通过比对账簿记录与王某某银行账户的交易流水情况，甄别出王某某的犯罪金额，最终精准认定犯罪数额，有效指控犯罪。

案例二 易某某等人生产、销售假兽药案

【关键词】

生产、销售伪劣产品罪　假兽药　全链条打击　销售金额　行刑衔接

【基本案情】

2017 年至 2020 年，易某某在未取得兽药生产许可的情况下，擅自购买设备和原料，租用仓库，以不含有药物成分的石粉、木粉、麦芽精糊等物质为原料大量生产宣称可以治疗"鸡瘟"的兽药片剂，通过微信对外销售，销售金额 39 万余元。

吴某甲、吴某乙、胡某某 3 人在未取得兽药生产许可的情况下，各自租赁民宅，使用从易某某处购进的兽药片剂或自行以不含有药物成分的石粉、木粉等物质生产的兽药粉剂，分装入由丁某某、张某等人印制、提供的仿冒正规兽药包装袋内，冒充正规兽药，通过物流销往全国各地。刘某某明知吴某甲所售系非正规兽药，仍进货并对外销售。其间，吴某甲生产、销售假兽药 33 万余元，吴某乙生产、销售假兽药 14 万余元，胡某某生产、销售假兽药 8 万余元，刘某某进货假兽药金额 15 万余元，已全部加价销售。

涉案兽药包括用于治疗猪、牛、羊、鸡、鸭、鹅等畜禽各类疾病的 40 余种兽药，其中有"恩诺沙星""氟苯尼考""头孢氨苄青霉素""母仔安"等兽用处方药。经上海市兽药检测所检测，易某某、吴某甲等人生产、销售的兽药中均未检出兽药有效成分。经上海市农业农村委员会认定，涉案兽药均系以非兽药冒充兽药的假兽药。

【诉讼经过】

2020 年 10 月 28 日、11 月 10 日，上海市人民检察院第三分院和上海铁路运输检察院分别对易某某和吴某甲、吴某乙等 6 人提起公诉。被告人均自愿认罪认罚。2020 年 12 月 10 日，上海市第三中级人民法院作出一审判决，被告人易某某犯生产、销售伪劣产品罪，判处有期徒刑三年六个月，并处罚金人民币 20 万元。2020 年 12 月 18 日，上海铁路运输法院作出一审判决，被告人吴某甲、吴某乙等 5 人犯生产、销售伪劣产品罪，刘某某犯销售伪劣产品罪，分别判处有期徒刑二年六个月至十个月，并处罚金人民币 16.7 万元至 2 万元不等。判决宣告后，7 名被告人均未上诉，判决已生效。

【典型意义】

1. 坚持实质认定假兽药，揭示犯罪社会危害性。假兽药不仅不能治疗、预防动物疫病，甚至可能会因为控制疫情不及时，导致疫病在动物间传播，给养殖户造成巨大经济损失，患疫病动物被人食用也容易产生食品安全风险。本案中，检察机关与农业行政主管机关经科学研判，准确认定"假兽药"。检察机关通过讯问被告人掌握涉案兽药的生产流程，要求公安机关委托检验机构对涉案兽药进行检验，确认涉案兽药片剂、粉剂均不含兽药有效成分，从而揭示假兽药的危害性。

通过依法惩治犯罪，坚决杜绝假兽药流入市场，最大限度维护养殖户合法权益，保障食品安全。

2. 积极引导侦查取证，准确认定销售金额。对于涉案兽药无法认定使生产遭受较大损失，不构成生产、销售伪劣兽药罪，但是销售金额在5万元以上的，应根据刑法第一百四十九条第一款的规定，依照刑法第一百四十条的规定以生产、销售伪劣产品罪定罪处罚。本案中各犯罪行为人长期生产假兽药，并通过微信向全国各地销售，其销售金额计算系案件审查难点。检察机关在审查过程中，引导公安机关对扣押手机进行电子数据勘查，同时主动开展自行补充侦查，从海量微信聊天记录、账户交易明细中，逐笔逐单梳理涉案假兽药销售金额。最终将易某某销售总金额从案件伊始的19万余元追加认定至39万余元，准确认定本案假兽药的销售金额，合理提出量刑建议，确保罚当其罪。

3. 加强行刑衔接，全链条打击制售假兽药犯罪。上海市人民检察院第三分院、上海铁路运输检察院集中管辖全市危害农资安全案件，通过同堂业务培训、典型案例讲评、专项调研走访等形式，与市、区农业行政主管机关、公安机关形成长期稳定的协作关系，在具体案件办理过程中始终注重提升行刑衔接质效。本案中，针对上游生产批发、下游销售，以及明知是假兽药仍提供假冒正规产品包装材料的全链条犯罪团伙，上海两级检察机关与农业、公安机关在线索研判、假农药检验认定、引导侦查取证等方面积极协作，最终实现对犯罪全链条打击，捣毁制假售假源头，全力保障农资安全。同时，检察机关以案释法，通过检察官说法、制作宣传手册、拍摄宣传片等形式开展普法宣传，向养殖户揭示假兽药的危害，普及分辨真假兽药的技巧。

案例三 刘某某销售伪劣种子案

【关键词】

销售伪劣种子罪　伪劣种子　损失鉴定　赔偿被害人

【基本案情】

2017年3月，被告人刘某某从内蒙古自治区某市购买32吨普通土豆后，假冒"延薯4号"土豆种子销售给吉林省扶余市的同村村民张某某等人，当年耕种后减产。经吉林省扶余市农业综合执法大队田间鉴定及扶余市价格认证中心鉴定，张某某等人损失价值共计25万余元。

【诉讼经过】

2019年1月17日，吉林省扶余市公安局对该案侦查终结，向扶余市人民检察院移送起诉。审查起诉期间，刘某某表示认罪认罚。2019年4月6日，扶余市人民检察院以刘某某犯销售伪劣种子罪提起公诉。2019年5月24日，扶余市人民法院作出一审判决，被告人刘某某犯销售伪劣种子罪，鉴于其对被害人积极理赔，有悔罪表现，可酌情从轻处罚，判处有期徒刑三年，缓刑五年，并处罚金人民币3万元。判决后，刘某某未上诉，判决已生效。

【典型意义】

1.涉种子犯罪危及粮食安全源头，必须依法严厉打击。粮食安全是国家安全的重要基础，确保粮食安全是我国经济社会稳定发展的根本，种业安全关系粮食安全和农业持续发展。销售伪劣种子的行为严重危害粮食安全，损害农民合法利益。检察机关通过依法及时、准确打击此类犯罪，充分保障粮食安全，保护农民权益。审查起诉期间，检察机关将案件退回公安机关补充侦查，要求查明伪劣种子来源、成交价格，取得上游卖家证言，说明鉴定方式方法，为依法准确认定犯罪事实奠定基础。

2. 在检察履职过程中最大限度保护农民利益。农作物收入是普通农户家庭收入的主要来源。该案被害农户十余户，在当地引起较大反响。行政执法部门经田间鉴定，计算出平均每公顷损失产量。依据鉴定的损失产量及平均市场价格，扶余市价格认证中心对农户损失价值作出鉴定。检察机关在打击犯罪的同时，积极帮助被害农户挽回损失。审查逮捕期间，办案人员逐户走访被害农户了解情况，敦促犯罪嫌疑人进行赔偿。经沟通协调，犯罪嫌疑人对全部被害农户进行了赔偿，取得了农户谅解。不仅让农户免受经济困顿之苦，也有效修复了被破坏的农村社会关系。

3. 农民消费者应注意辨别真伪，谨防购买伪劣种子。"春种一粒粟，秋收万颗子。"种子的优劣，决定了一年的收成。根据《中华人民共和国种子法》规定，以非种子冒充种子的为假种子，涉案种子系以普通土豆冒充，应认定为假种子。广大农民购买种子时，应注意通过正规渠道购买，从包装等方面进行辨别，正规的种子包装上有品牌标识、种子类别、品种名称、品种审定或者登记编号、种子生产经营许可证编号等基本信息。应提高维权意识和能力，注意养成索要发票或其他消费凭证的习惯，保留相关证据，一旦发现购买了伪劣种子，及时向当地农业、市场监管部门等投诉举报，对可能涉嫌犯罪的及时报案。

案例四　于某某生产、销售伪劣化肥案

【关键词】

生产、销售伪劣产品罪　伪劣化肥　赔偿农户损失　检察建议

【基本案情】

2019年，被告人于某某在经营种子商店期间，得知使用二铵辅料代替磷酸二铵化肥可以获取高额利润，遂于同年12月前往A肥业有限公司购买二铵辅料。同时联系一家包装袋厂，定购了价值1.6万余元印有B品牌标识的肥料包装袋。2020年3月，于某某在外地租赁的库房内，将其购买的198吨二铵辅料和67吨复合肥进行重新倒袋灌装，假冒正规厂家生产的磷酸二铵、复合肥料的化肥产品，并运至本地销售。其间，于某某共生产假冒化肥265吨，销售171.15吨，销售金额42万余元。

经黑龙江省大庆市产品质量监督检验所检验，于某某生产、销售的磷酸二铵的总氮、有效磷、总养分不合格，复合肥料的有效磷、总养分不合格。

【诉讼经过】

2021年4月30日，黑龙江省林甸县人民检察院以于某某犯生产、销售伪劣产品罪提起公诉。2021年11月15日，林甸县人民法院作出一审判决，被告人于某某犯生产、销售伪劣产品罪，判处有期徒刑四年，并处罚金人民币22万元。判决宣告后，被告人未上诉，判决已生效。

【典型意义】

1.准确适用法律，坚持化肥实质效能判断。对于假冒伪劣化肥的性质认定，检察机关结合检验报告、被告人供述、物证等证据材料综合判断。在明确化肥性质后，仍应全面审查生产、销售伪劣化肥是否造成生产损失。对于无法认定涉案化肥使生产遭受较大损失，不构成生产、销售伪劣化肥罪，但是销售金额在5万元以上的，应当按照刑法第一百四十九条的规定，以生产、销售伪劣产品罪定罪处罚。

2.积极追赃挽损，维护被害农户经济权益。本案被害农户有39名，虽然被告人于某某在案发前已赔偿部分农户损失，但仍有不少农户损失尚未挽回。检察机关第一时间听取被害人意见，引导公安机关查明于某某生产、销售伪劣化肥的数量、销售金额和获利情况，并对农户的生产损失数额进行核实。经过多次沟通，说服于某某及其家属向被害农户赔礼道歉、赔偿农户损失，最终帮助被害农户挽回损失，充分保障当事人权益。

3.延伸检察职能，全方位净化农资市场。检察机关将依法惩治涉农资犯罪与推动社会治理相融合，联合行政主管部门共同保障农资安全。本案中，检察机关及时向当地农业主管部门通报案情，建议对农资生产开展执法检查，防患于未然。同时向当地市场监管部门制发《检察建议书》，建议针对农资领域无资质公司、个人或者挂靠生产、倒买倒卖农资产品等问题开展整治。当地市场监管部门采纳建议，及时组织开展农资打假活动，提升部门协作质效，加强宣传教育，引导农民理性购买、科学使用农资，进一步净化了当地农资市场，有力保障农民权益。

依法惩治危害农资安全犯罪
服务保障国家农业生产和粮食安全

王健 吴楠 杨丽[*]

2022年3月21日，在农业农村部等七部门联合召开的2022年全国农资打假专项治理行动视频会上，最高检发布了4件检察机关依法惩治危害农资安全犯罪典型案例。

一、典型案例发布的背景和意义

党的十八大以来，党中央高度重视粮食安全问题。2020年，习近平总书记对全国春季农业生产工作作出重要指示强调，"越是面对风险挑战，越要稳住农业，越要确保粮食和重要副食品安全"[①]。《中共中央、国务院关于做好2022年全面推进乡村振兴重点工作的意见》也明确提出，要牢牢守住保障国家粮食安全底线，"全力抓好粮食生产和重要农产品供给"。

农资是农业生产的基础，是粮食的"粮食"，农资质量的好坏事

---

[*] 王健，最高人民检察院第四检察厅二级高级检察官；吴楠，最高人民检察院第四检察厅二级高级检察官；杨丽，最高人民检察院第四检察厅三级高级检察官助理。

[①] 《习近平对全国春季农业生产工作作出重要指示强调 把农业基础打得更牢 把"三农"领域短板补得更实 为打赢疫情防控阻击战 实现全年经济社会发展目标任务提供有力支撑》，载人民网，http://jhsjk.people.cn/article/31604448，2022年4月25日访问。

关广大农民的收成，直接关系到国家粮食安全和农产品质量安全。保障农资安全是一项系统工程，涉及生产、流通、供应等多个环节，需要各部门协同共治。为此，在中央和地方层面均建立了专门的农资打假专项斗争协调工作机制，确保工作协同高效，形成有效合力。检察机关作为农资打假部际协调工作机制成员单位，应当从确保国家粮食安全的高度认识农资打假工作的重要性，进一步提高政治站位，坚决扛起农资打假的政治责任，为保障农资安全提供强有力的司法保障。

近年来，检察机关深入贯彻落实习近平总书记关于保障粮食安全和农产品安全系列重要指示批示精神和党中央的决策部署，以高度的政治自觉、法治自觉、检察自觉担当作为，积极能动履职，持续深入开展农资打假工作，依法办理了一批危害农资安全犯罪案件。为了进一步彰显检察机关依法严惩制售假劣农资犯罪的坚定决心，展示各地办理危害农资安全犯罪案件经验做法和参与农资安全社会共治的积极作为，最高检围绕农药、兽药、化肥、种子四个专题各选取了一件典型案例予以发布。此外，也通过这批案例，对农资领域一些法律意识淡漠、试图以身试法的投机分子形成震慑效应，警示其切莫触犯法律底线。同时也提醒广大农民群众遇到类似情况提高防范意识，谨防利益受损。

二、近年来检察机关农资打假工作总体情况

（一）高度重视、积极部署安排农资打假工作

将农资打假工作列入经济犯罪检察工作要点，明确要求各级经济犯罪检察部门依法严厉打击生产、销售伪劣农药、兽药、化肥、种子犯罪，深入推进检察机关农资打假工作。2019年9月至2020年12月最高检、国家市场监管总局、国家药监局联合开展的落实食品药品安

全"四个最严"要求专项行动,以及2021年6月起最高检联合农业农村部等七部委开展的食用农产品"治违禁 控药残 促提升"专项行动,均将农资打假工作纳入其中整体推进。

(二)依法惩治危害农资安全犯罪行为,充分发挥法律震慑作用

以农村和城乡接合部、农资经营集散地、种植养殖生产基地、菜篮子产品主产区为重点地区,围绕伪劣种子、农药、化肥、兽药、饲料和饲料添加剂、农机等重点领域,综合运用生产、销售伪劣产品罪,生产、销售伪劣农药、兽药、化肥、种子罪,假冒注册商标罪等罪名,充分发挥批捕、起诉职能,持续加大对危害农资安全犯罪的打击力度。2020年以来,全国检察机关共批准逮捕涉农资犯罪900余人,提起公诉1300余人。

(三)制发规范性文件,为农资打假提供司法政策依据

2019年最高检下发《关于进一步做好2019年农资打假工作的意见》,从提高政治站位、依法严惩犯罪、形成打击合力、积极参与治理、提升专业素质等方面提出明确要求,为一段时期内检察机关的农资打假工作提供了遵循和参考。2022年1月28日,最高检联合农业农村部等七部委会签《关于保护种业知识产权打击假冒伪劣套牌侵权营造种业振兴良好环境的指导意见》,对依法惩处种业领域假冒伪劣、套牌侵权违法犯罪行为提供了指引。

(四)开展以案释法,积极参与农资打假综合治理

先后召开"落实乡村振兴战略,彰显涉农检察力量""落实食品药品安全'四个最严'要求专项行动"等专题新闻发布会,利用"3·15"消费者权益保护日、"6·7"世界食品安全日、春耕备耕时节等重要节点,发布危害农资安全犯罪指导性案例或典型案例,组织各地检察机关通过在互联网平台发布短视频、发放宣传材料、开展现场咨询等进

行法治宣传。积极制发检察建议，帮助有关部门和单位建章立制，堵塞管理机制漏洞。

（五）提升专业素质能力，发挥检察内部合力

2018年底，最高检在经济犯罪检察部门内部成立了专门负责办理、指导包括危害农资安全犯罪在内的生产、销售假冒伪劣商品犯罪办案团队，为农资打假工作专业化提供了队伍保障。检察机关内部经济犯罪和公益诉讼检察部门加强联动配合，积极开展农资领域公益诉讼，督促相关职能部门依法履行职责，助推农资市场依法依规经营。

三、典型案例涉及的法律政策适用问题

（一）办理农资打假案件应当体现从严政策

习近平总书记强调，"要切实加强食品药品安全监管，用最严谨的标准、最严格的监管、最严厉的处罚、最严肃的问责，加快建立科学完善的食品药品安全治理体系，坚持产管并重，严把从农田到餐桌、从实验室到医院的每一道防线"[①]。农资安全直接关系到食品安全问题，理应坚持"最严厉的处罚"。在刑事诉讼中贯彻落实"最严厉的处罚"要求，就是要在办理危害农资安全犯罪案件时体现从严政策，坚决依法从严惩处。

1.种子。种子是农业的"芯片"，是保障国家粮食安全和主要农产品有效供给的重要基础，也是一切农作物产业链的起点。中共中央办公厅、国务院办公厅于2021年7月联合下发《种业振兴行动方案》，部署实施种业市场净化行动，提出要"重拳出击、整治到底、震慑到位，依法严厉打击假冒伪劣、套牌侵权等违法犯罪行为，让侵权者付

---

① 《习近平：牢固树立切实落实安全发展理念 确保广大人民群众生命财产安全》，载人民网，http://jhsjk.people.cn/article/27081333，2022年4月25日访问。

出沉重代价"。2022年1月底,农业农村部等七部委《关于保护种业知识产权打击假冒伪劣套牌侵权营造种业振兴良好环境的指导意见》规定,要"加快制定出台农产品质量安全领域行政执法与刑事司法衔接工作办法,依法严惩种业违法犯罪行为";2022年3月最高人民法院《关于进一步加强涉种子刑事审判工作的指导意见》提出,要"准确适用法律,依法严惩种子制假售假犯罪",为从严办理涉种子犯罪案件提供了最直接的政策依据。

2. 农药、兽药。农药、兽药是重要的现代农业投入品。假劣农药不但可能严重影响动植物疫病防治效果,给农民造成巨大经济损失,而且会大大增加食品安全风险,甚至可能威胁生态环境安全。最高检在食用农产品"治违禁 控药残 促提升"专项行动的具体贯彻落实意见中明确提出,打击危害食用农产品安全的犯罪要切实"体现从严政策"。制售假劣农兽药的犯罪行为严重危害食用农产品安全,是这次专项行动治理的重点任务之一,对制售假劣农药、兽药的犯罪应当贯彻落实从严政策。

3. 化肥。化肥是重要的农业生产资料,是农业生产最基础和最重要的物质投入。据联合国粮农组织统计,化肥在农作物增产的总份额中占40%—60%,可见化肥对保证粮食数量安全起到非常重要的作用。生产、销售伪劣化肥的行为,严重影响粮食产量,威胁粮食安全,同时给农民造成巨大的财产损失,社会危害性强,同样应当从严惩处。

(二)伪劣农药、兽药、化肥、种子的认定问题

当前司法解释对于如何认定"假农药""假兽药""假化肥""假种子"并无明确规定,而在《种子法》《农药管理条例》《兽药管理条例》等行政法律法规中,除对"假化肥"尚无明确规定外,对"假种子""假农药""假兽药"的范围作出了界定。在司法实践中,行政法

律法规界定的范围能否直接适用于刑事诉讼中存在争议。如行政法律法规中对未依法取得农药登记证而生产、进口的农药以及未附具标签的农药，认定为"假农药"；对应当经审查批准而未经审查批准即生产、进口的，或者应当经抽查检验、审查核对而未经抽查检验、审查核对即销售、进口的兽药认定为"假兽药"；对没有标签的种子认定为"假种子"。我们认为，上述行政意义上的伪劣农资的社会危害性尚未达到需要刑事处罚的程度，不宜将行政认定的伪劣农资直接作为刑事认定的标准。在刑事诉讼中应当坚持相对独立、实质性的判断，即根据检验鉴定意见、行政主管部门出具的认定意见，并结合其他证据来综合判定涉案农资是否实质伪劣。对行政法律法规未予界定的"假化肥"，司法判断标准也应参考上述方式。此次发布的4件典型案例中，认定伪劣农资均采用实质认定标准。

（三）生产、销售伪劣农药、兽药、化肥、种子犯罪的罪名适用问题

此次发布的案例中，除刘某某销售伪劣种子案适用销售伪劣种子罪外，其他3个案例均适用生产、销售伪劣产品罪。当前，实务中有观点认为，制售伪劣农资难以认定构成生产、销售伪劣农药、兽药、化肥、种子罪的，也不宜转化认定为生产、销售伪劣产品罪，主要理由是：生产、销售伪劣产品罪销售金额5万元以上即可入罪，且达到一定金额后即可提升刑档，判处更重的刑罚；而生产、销售伪劣农药、兽药、化肥、种子罪中，因生产遭受损失的数额难以确定，且损失数额与生产、销售伪劣农药、兽药、化肥、种子行为之间的因果关系易存在其他介入因素而导致难以认定。在生产、销售伪劣农药、兽药、化肥、种子罪难以认定的情况下，转而认定生产、销售伪劣产品罪，并可能判处更重的刑罚，存在量刑倒置的问题，有使生产、销售

伪劣产品罪沦为口袋罪名之嫌。我们认为，刑法第 140 条至第 150 条是对生产、销售伪劣商品犯罪的体系化规定，虽然刑法历次修正案对个别罪名条款进行了修改，但对第 149 条罪名转化适用、择一重处规定及该条与其他条款之间的逻辑关系始终未作修改。结合刑法和相关司法解释规定来看，生产、销售伪劣农药、兽药、化肥、种子，使生产遭受 2 万元以上损失的，可以构成生产、销售伪劣农药、兽药、化肥、种子罪；生产、销售伪劣农药、兽药、化肥、种子，无法证明使生产遭受较大损失，销售金额 5 万元以上的，构成生产、销售伪劣产品罪。同时构成两罪的，依照处罚较重的规定定罪处罚。二罪名系对生产、销售伪劣农资行为的体系化规定，这种体系化规定本身体现了从严打击生产、销售农资等特殊类型伪劣产品犯罪的立法意图，而不能孤立地认为刑法第 147 条对农资等特殊类型伪劣产品犯罪设置了更高的入罪门槛。至于生产、销售伪劣产品罪与生产、销售伪劣农药、兽药、化肥、种子罪之间可能存在的定罪量刑不协调问题，在法律未修订的情况下，司法机关仍应当严格按照刑法第 149 条的规定执行。

四、典型案例对检察机关开展农资打假工作的启示

（一）积极引导侦查取证，确保案件办理质效

危害农资安全犯罪案件隐蔽性、专业性强，司法实践中办案难度较大。检察机关在办理此类案件时，要充分发挥法律监督职能，加强与侦查机关的沟通，积极介入侦查引导取证，严把事实关、证据关和法律适用关，提高案件办理质效。如张某某等人生产、销售伪劣农药案，易某某等人生产、销售假兽药案中，检察机关均高度重视引导侦查取证工作，准确认定犯罪数额，合理提出量刑建议，确保实现司法办案政治效果、社会效果和法律效果的有机统一。

（二）加强行刑衔接，全链条打击犯罪行为

危害农资安全犯罪属于行政犯，即构成犯罪以违反行政法规为前提，构成要件要素必须依托行政法规具体规范内容予以评价。如危害农资安全犯罪案件线索部分来源于行政执法中，部分刑事案件证据系由行政执法证据转化而来，对"假农药""假兽药""假种子"等的认定一定程度上依托行政法律法规的规定、行政主管部门出具的认定意见及其指定检验机构出具的检验鉴定意见等，行刑衔接问题在危害农资安全犯罪案件办理中尤为重要。如易某某等人生产、销售假兽药案中，检察机关与农业、公安机关在线索研判、假农药检验认定、引导侦查取证等方面积极协作，最终实现对犯罪的全链条打击，捣毁了制假售假的源头。此外，检察机关既要重视行刑正向衔接，也要重视行刑反向衔接，即对需予以行政处罚的不起诉案件，及时提出检察意见并移送有关主管机关处理。

（三）注重追赃挽损，依法保护受害农民合法权益

制售假劣农资犯罪行为，不仅严重影响农民的收成，而且可能引发社会不稳定因素。检察机关在依法从严打击此类犯罪的同时，应当注重追赃挽损，最大限度保障农民合法权益。如刘某某销售伪劣种子案中，检察机关逐户走访被害农户了解情况，敦促犯罪嫌疑人进行赔偿，最终犯罪嫌疑人得到农户谅解，不仅农户免受经济困顿之苦，也有效修复了被破坏的社会关系。于某某生产、销售伪劣化肥案中，检察机关积极听取农户意见，引导公安机关查明农户损失数额，说服于某某及其家属向被害农户赔礼道歉、赔偿损失，最终帮助被害农户挽回了损失，取得较好的社会反响。

（四）延伸检察职能，积极参与农资打假综合治理

检察机关作为农资打假工作的重要职能部门，应当积极延伸检

察职能，充分发挥以案释法优势，参与农资打假综合治理。对案件办理中反映出的食品监管部门或涉案单位制度机制漏洞，有针对性地提出检察建议。如易某某等人生产、销售假兽药案中，检察机关通过检察官说法、制作宣传手册、拍摄宣传片等方式开展普法宣传，向养殖户揭示假兽药的危害，普及分辨真假兽药的技巧。于某某生产、销售伪劣化肥案中，检察机关及时向当地农业主管部门通报案情，建议对农资生产开展执法检查，同时向市场监管部门发出检察建议书，建议针对农资领域无资质公司、个人或挂靠生产、倒买倒卖农资产品等问题开展整治，达到了"办理一案、影响一片"的社会效果。

下一步，检察机关将继续认真贯彻落实习近平总书记的重要指示批示精神，紧盯重点对象、重点产品和薄弱环节，强化与其他执法司法机关的沟通协调，依法从严惩处危害农资安全犯罪行为，积极参与农资领域综合治理，多措并举引导有关单位和个人合法生产、诚信经营，切实维护广大农民合法权益，筑牢农资安全社会防线。

检察机关打击治理电信网络诈骗及关联犯罪典型案例

案例一 魏某双等 60 人诈骗案

——以投资虚拟货币等为名搭建虚假交易平台跨境实施电信网络诈骗

【关键词】

电信网络诈骗　跨境犯罪集团　虚拟货币　投资风险防范

【要旨】

跨境电信网络诈骗犯罪多发，受害范围广、涉及金额多、危害影响大，检察机关要充分发挥法律监督职能，依法追捕、追诉境内外犯罪分子，全面追查、准确认定犯罪资金，持续保持从严惩治的态势。对于投资型网络诈骗，会同相关部门加强以案释法和风险预警，引导社会公众提高防范意识，切实维护人民群众财产权益。

【基本案情】

被告人魏某双，无固定职业；

被告人罗某俊，无固定职业；

被告人谢某林，无固定职业；

被告人刘某飞，无固定职业；

其他56名被告人基本情况略。

2018年9月至2019年9月间，被告人魏某双、罗某俊、谢某林、刘某飞等人在黄某海（在逃）等人的纠集下，集中在柬埔寨王国首都金边市，以投资区块链、欧洲平均工业指数为幌子，搭建虚假的交易平台，冒充专业指导老师诱使被害人在平台上开设账户并充值，被害人所充值钱款流入该团伙实际控制的对公账户。之后，被告人又通过事先掌握的虚拟货币或者欧洲平均工业指数走势，诱使被害人反向操作，制造被害人亏损假象，并在被害人向平台申请出款时，以各种事由推诿，非法占有被害人钱款，谋取非法利益。

在黄某海组织策划下，被告人魏某双、罗某俊、谢某林、刘某飞担任团队经理负责各自团队的日常运营；其余56名被告人分别担任业务组长、业务员具体实施诈骗活动。该团伙为躲避追查，以2至3个月为一个作案周期。2019年10月，该团伙流窜至蒙古国首都乌兰巴托市准备再次实施诈骗时，被当地警方抓获并移交我国。

经查，该团伙骗取河北、内蒙古、江苏等地700余名被害人，共计人民币1.2亿余元。

【检察履职过程】

本案由江苏省无锡市公安局经济开发区分局立案侦查。2019年11月21日，无锡市滨湖区人民检察院介入案件侦查，引导公安机关深入开展侦查，将诈骗金额从最初认定的人民币1200万余元提升到1.2亿余元。2020年2月11日，公安机关以魏某双等60人涉嫌诈骗罪移送起诉。办案过程中，检察机关分别向公安机关发出《应当逮捕犯罪嫌疑人建议书》《补充移送起诉通知书》，追捕追诉共计 32 名犯罪团伙成员（另案处理）。同年 5 月 9 日，检察机关以诈骗罪对魏某双等 60 人依法提起公诉。2021 年 9 月 29 日，无锡市滨湖区人民法院以诈骗罪判处被告人魏某双有期徒刑十二年，并处罚金人民币六十万元；判处被告人罗某俊有期徒刑十一年三个月，并处罚金人民币五十万元；判处被告人谢某林有期徒刑十年，并处罚金人民币十万元；判处被告人刘某飞有期徒刑八年，并处罚金人民币五十万元；其余 56 名被告人分别被判处有期徒刑十年三个月至二年不等，并处罚金人民币三十万元至一万元不等。1 名被告人上诉，无锡市中级人民法院裁定驳回上诉，维持原判。

针对本案办理所反映的金融投资诈骗犯罪发案率高、社会公众对这类投资陷阱防范意识不强等问题，无锡市检察机关与公安机关、地方金融监管部门召开联席会议并会签协作文件，构建了打击治理虚假金融投资诈骗犯罪信息共享、线索移送、共同普法、社会治理等 8 项机制，提升发现、查处、打击这类违法犯罪的质效。检察机关会同有关部门线上依托各类媒体宣传平台，线下进社区、进企业、进校园，向社会公众揭示电信网络诈骗、非法金融活动的危害，加强对金融投资知识的普及，提高投资风险防范意识。

【典型意义】

1. 依法从严追捕追诉，全面追查犯罪资金，严厉打击跨境电信网络诈骗犯罪集团。当前，跨境电信网络诈骗集团案件高发，犯罪分子往往多国流窜作案，多地协同实施，手段不断翻新，严重危害人民群众财产安全和社会安定。对此，检察机关要加强与公安机关协作，深挖细查案件线索，对于集团内犯罪分子，公安机关应当提请逮捕而未提请的、应当移送起诉而未移送的，依法及时追捕、追诉。注重加强追赃挽损，主动引导公安机关全面追查、准确认定、依法扣押犯罪资金，不给犯罪分子在经济上以可乘之机，切实维护受骗群众的财产利益。

2.加强以案释法，会同相关部门开展金融知识普及，引导社会公众提升投资风险防范意识。当前，投资类诈骗已经成为诈骗的重要类型。特别是犯罪集团以投资新业态、新领域为幌子，通过搭建虚假的交易平台实施诈骗，隐蔽性强、受害人众多、涉案金额往往特别巨大。为此，检察机关要会同相关部门加强以案释法，揭示投资型诈骗的行为本质和危害实质，加强对金融创新产品、新业态领域知识的普及介绍，提示引导社会公众提高风险防范意识，充分了解投资项目，合理预期未来收益，选择正规途径理性投资，自觉抵制虚拟货币交易等非法金融活动，切实维护自身合法权益。

案例二　邱某儒等31人诈骗案

——虚构艺术品交易平台以投资理财为名实施网络诈骗

【关键词】

网络诈骗　虚假投资　法律监督　追赃挽损

【要旨】

对于以频繁交易方式骗取高额手续费行为，检察机关要全面把握投资平台操作模式，准确认定其诈骗本质，依法精准惩治。准确区分诈骗集团中犯罪分子的分工作用，依法全面惩治集团内部各个层级的诈骗犯罪分子。强化追赃挽损，及时阻断诈骗资金的转移和处置，维护人民群众合法权益。

【基本案情】

被告人邱某儒，系广东创意文化产权交易中心有限公司（以下简称广文公司）股东；

被告人陶某龙，系广文公司后援服务中心总经理；

被告人刘某，系广东省深圳市恒古金实业有限公司（以下简称恒古金公司）股东、法定代表人；

被告人郑某辰，系广东省惠州惠赢浩源商务服务有限公司（以下简称惠赢公司）法定代表人；

被告人蒋某，系广西元美商务服务有限公司（以下简称元美公司）实际控制人；

其他26名被告人基本情况略。

2016年3月，被告人邱某儒设立广文公司后，通过组织人员、租赁办公场所、购买交易软件、租用服务器，搭建了以"飞天蜡像"等虚构的文化产品为交易对象的类期货交易平台。陶某龙等人通过一级运营中心恒古金公司刘某发展了惠赢公司、元美公司等三十余家会员单位。为实现共同骗取投资者财物的目的，会员单位在多个股票投资聊天群中选择投资者，拉入事先设定的聊天群。同时，安排人员假扮"老师"和跟随老师投资获利的"投资者"、发送虚假盈利截图，以话术烘托、虚构具有盈利能力等方式，骗取投资者的信任，引诱投资者在平台上入金交易。

交易过程中，广文公司和会员单位向投资者隐瞒"平台套用国际期货行情趋势图、并无实际交易"等事实，通过后台调整艺术品价格，制造平台交易平稳、未出现大跌的假象。投资者因此陷入错误认识，认为在该平台交易较为稳妥，且具有较大盈利可能性，故在平台上持续多笔交易，付出高额的手续费。邱某儒、陶某龙、刘某、郑某辰、蒋某等人通过上述手段骗取黄某等6628名投资者共计人民币4.19亿余元。

【检察履职过程】

本案由广东省深圳市公安局南山分局立案侦查。2017年2月，深圳市检察机关介入案件侦查，引导公安机关围绕犯罪主体、诈骗手法、诈骗金额等问题夯实证据并及时追缴赃款。深圳市公安局南山分局于2017年7月至2018年6月分批以诈骗罪将邱某儒等237人向深圳市南山区人民检察院移送起诉。由于邱某儒以及陶某龙、刘某等7人（系广文公司后援服务中心及相关内设部门、恒古金公司主要成员）、郑某辰、蒋某等23人（系会员单位主要负责人）涉案金额特别巨大，深圳市南山区人民检察院依法报送深圳市人民检察院审查起诉。根据级别管辖和指定管辖，其余206人分别由南山区、龙岗区人民检察院审查起诉。2018年2月至12月，深圳市人民检察院以诈骗罪对邱某儒、陶某龙、刘某、郑某辰、蒋某等31人分批向深圳市中级人民法院提起公诉。

2019年1月至7月，深圳市中级人民法院以非法经营罪判处邱某儒有期徒刑七年，并处罚金人民币二千八百万元；以诈骗罪判处陶某龙、刘某等7人有期徒刑十年至三年六个月不等，并处罚金人民币三十万元至十万元不等；以非法经营罪判处郑某辰、蒋某等23人有期徒刑八年至二年三个月不等，并处罚金人民币一千万元至五万元不等。一审判决后，邱某儒、陶某龙等10人提出上诉，深圳市人民检察院审查认为邱某儒、郑某辰、蒋某等24人虚构交易平台，通过多次赚取高额手续费的方式达到骗取投资钱款目的，其行为构成诈骗罪，一审判决认定为非法经营罪确有错误，对邱某儒、郑某辰、蒋某等24人依法提出抗诉，广东省人民检察院支持抗诉。2020年5月至2021年5月，广东省高级人民法院作出二审判决，驳回邱某儒、陶某龙等10人上诉，对邱某儒、郑某辰、蒋某等24人改判诈骗罪，分别判处有期徒刑十三年至三年不等，并处罚金人民币二千八百万元至五万元不等。

办案过程中，深圳市检察机关引导公安机关及时提取、梳理交易平台电子数据，依法冻结涉案账户资金共计人民币8500万余元，判决生效后按比例返还被害人，并责令各被告人继续退赔。深圳市检察机关向社会公开发布伪交易平台类电信网络诈骗典型案例，开展以案释法，加强防范警示。

【典型意义】

1. 以频繁交易方式骗取高额手续费行为迷惑性强，要全面把握交易平台运行模式，准确认定这类行为诈骗本质。在投资型网络诈骗中，犯罪分子往往以"空手套白狼""以小套大"等方式实施诈骗。但在本案中，犯罪分子利用骗术诱导投资者频繁交易，通过赚取高额手续费的方式达到骗取钱款目的。与传统诈骗方式相比，这种"温水煮青蛙"式的诈骗欺骗性、迷惑性更强、危害群体范围也更大。检察机关在审查案件时，要围绕"平台操控方式、平台盈利来源、被害人资金流向"等关键事实，准确认定平台运作的虚假性和投资钱款的非法占有性，全面认定整个平台和参与成员的犯罪事实，依法予以追诉。法院判决确有错误的，依法提起抗诉，做到不枉不纵、罚当其罪。

2. 准确区分诈骗集团中的犯罪分子的分工作用，依法全面惩治各个层级的诈骗犯罪分子。电信网络诈骗集团往往层级多、架构复杂、人员多，对于参与其中的犯罪分子的分工作用往往难以直接区分。对此，检察机关要围绕平台整体运作模式和不同层级犯罪分子之间的行为关联，准确区分集团内部犯罪分子的分工作用。既要严厉打击在平台上组织开展诈骗活动的指挥者，又要依法惩治在平台上具体实施诈骗行为的操作者，还要深挖诈骗平台背后的实质控制者，实现对诈骗犯罪集团的全面打击。

3.强化追赃挽损，维护人民群众合法权益。投资类诈骗案件往往具有涉案人数多、犯罪事实多、涉案账户多等特点，在办理这类案件时，检察机关要把追赃挽损工作贯穿办案全过程，会同公安机关及时提取、梳理投资平台的后台电子数据。从平台资金账户、犯罪分子个人账户入手，倒查资金流向，及时冻结相关的出入金账户；通过资金流向发现处置线索，及时扣押涉案相关财物，阻断诈骗资金的转移和处置，最大限度挽回被害人的财产损失。

案例三 张某等3人诈骗案、戴某等3人掩饰、隐瞒犯罪所得案

——冒充明星以投票打榜为名骗取未成年人钱款

【关键词】

电信网络诈骗 "饭圈"文化 未成年人 掩饰、隐瞒犯罪所得罪

【要旨】

以"饭圈"消费为名实施的诈骗对未成年人身心健康造成严重侵

害。检察机关要依法从严惩治此类诈骗犯罪，引导未成年人自觉抵制不良"饭圈"文化，提高防范意识。对于利用个人银行卡和收款码，帮助诈骗犯罪分子收取、转移赃款的行为，加强全链条打击，可以掩饰、隐瞒犯罪所得罪论处。

【基本案情】

被告人张某，男，系大学专科在读学生；

被告人易某，男，无固定职业；

被告人刘某甲，男，无固定职业；

被告人戴某，男，无固定职业；

被告人黄某俊，男，无固定职业；

被告人范某田，男，无固定职业。

被告人张某、易某、刘某甲单独或合谋，购买使用明星真实名字作为昵称、明星本人照片作为头像的QQ号。之后，上述人员通过该QQ号之前组织的多个"明星粉丝QQ群"添加被害人为好友，在群里虚构明星身份，以给明星投票的名义骗取被害人钱款。

2020年6月，被告人张某通过上述虚假明星QQ号，添加被害人刘某乙（女，13岁，初中生）为好友。张某虚构自己系明星本人的身份，以给其网上投票为由，将拟骗取转账金额人民币10099元谎称为"投票编码"，向刘某乙发送投票二维码实为收款二维码，诱骗刘某乙使用其母微信账号扫描该二维码，输入"投票编码"后完成所谓的"投票"，实则进行资金转账。在刘某乙发现钱款被转走要求退款时，张某又继续欺骗刘某乙，称添加"退款客服"后可退款。刘某乙添加"退款客服"为好友后，易某、刘某甲随即谎称需要继续投票才能退款，再次诱骗刘某乙通过其母支付宝扫码转账人民币1万余元。经查，被告人张某、易某、刘某甲等人通过上述手段骗取5名被害人钱款共计人民币9万余元。其中,4名被害人系未成年人。

应张某等人要求,被告人戴某主动联系黄某俊、范某田,利用自己的收款二维码,帮助张某等人转移上述犯罪资金,并收取佣金。其间,因戴某、黄某俊、范某田收款二维码被封控提示可能用于违法犯罪,不能再进账,他们又相继利用家人收款二维码继续协助转账。

【检察履职过程】

本案由黑龙江省林区公安局绥阳分局立案侦查。2020年9月28日,公安机关将本案移送绥阳人民检察院起诉。同年10月28日,检察机关以诈骗罪对张某、易某、刘某甲提起公诉;以掩饰、隐瞒犯罪所得罪对戴某、黄某俊、范某田提起公诉。同年12月16日,绥阳人民法院以诈骗罪分别判处张某、易某、刘某甲有期徒刑四年六个月至三年不等,并处罚金人民币三万元至一万元不等;以掩饰、隐瞒犯罪所得罪分别判处戴某、黄某俊、范某田有期徒刑三年至拘役三个月不等,并处罚金人民币一万五千元至一千元不等。被告人戴某提出上诉,林区中级人民法院裁定驳回上诉,维持原判。其余被告人未上诉,判决已生效。

案发后,检察机关主动联系教育部门,走进被害人所在的学校,通过多种方式开展法治宣传教育活动,教育引导学生自觉抵制不良"饭圈"文化影响,理性对待明星打赏,提高网上识骗防骗的意识和能力。

【典型意义】

1. 依法从严打击以"饭圈"消费为名针对未成年人实施的诈骗犯罪。当下,在"饭圈"经济的助推下,集资为明星投票打榜、购买明星代言产品成为热潮，不少未成年人沉溺于此。一些犯罪分子盯住未成年人社会经验少、防范意识差、盲目追星等弱点，以助明星消费为幌子实施的诈骗犯罪时有发生，不仅给家庭造成经济损失，也使未成年人产生心理阴影。检察机关要加强对未成年人合法权益的特殊保护，依法从严惩治此类犯罪行为。坚持惩防结合，结合司法办案，引导未成年人自觉抵制不良"饭圈"文化影响，理性对待明星打赏活动，切实增强网络防范意识，防止被诱导参加所谓的应援集资，落入诈骗陷阱。

2. 对于利用个人银行卡和收款码，帮助电信网络诈骗犯罪分子转移赃款的行为，加强全链条打击，可以掩饰、隐瞒犯罪所得罪论处。利用自己或他人的银行卡、收款码为诈骗犯罪分子收取、转移赃款，已经成为电信网络诈骗犯罪链条上的固定环节，应当予以严厉打击。对于这类犯罪行为，检察人员既要认定其利用银行卡和二维码实施收取、转账赃款的客观行为，又要根据被告人实施转账行为的次数、持续时间、资金流入的频率、数额、对帮助对象的了解程度、银行卡和二维码被封控提示等主客观因素综合认定其主观明知，对于构成掩饰、隐瞒犯罪所得罪的，依法可以该罪论处。

案例四　刘某峰等 37 人诈骗案

——以组建网络游戏情侣为名引诱玩家高额充值骗取钱款

【关键词】

电信网络诈骗　游戏托　高额充值　网络游戏行业规范

【要旨】

"游戏托"诈骗行为隐蔽套路深,欺骗性诱惑性强。检察机关要穿透"游戏托"诈骗骗局,通过对"交友话术欺骗性、充值数额异常性、获利手段非法性"等因素进行综合分析,准确认定其诈骗本质,依法以诈骗罪定罪处罚。通过办案引导广大游戏玩家提高自我防范能力,督促网络游戏企业强化内控、合规经营,促进行业健康发展。

【基本案情】

被告人刘某峰,系辽宁盘锦百思网络科技有限公司(以下简称百思公司)实际控制人;

杨某明等 36 名被告人均系百思公司员工。

2018 年 8 月至 2019 年 4 月,百思公司代理运营推广江苏某网络科技有限公司的两款网络游戏,被告人刘某峰招聘杨某明等 36 人具体从事游戏推广工作。为招揽更多的玩家下载所推广的游戏并充值,刘某峰指使杨某明等员工冒充年轻女性,在热门网络游戏中发送"寻求男性游戏玩家组建游戏情侣"的消息与被害人取得联系。在微信添加为好友后,再向被害人发送游戏链接,引诱被害人下载所推广的两款网络游戏。在游戏中,被告人与被害人组建游戏情侣,假意与被害人发展恋爱关系,通过发送虚假的机票订单信息截图、共享位置截图等方式骗取被害人的信任,诱骗被害人向游戏账号以明显超过正常使用范围的数额充值。部分被告人还以给付见面诚意金、报销飞机票等理由,短时间多次向被害人索要钱款,诱使被害人以向游戏账号充值的方式支付钱款。经查,刘某峰等人骗取 209 名被害人共计人民币 189 万余元。

【检察履职过程】

本案由天津市公安局津南分局立案侦查。2019年9月9日，公安机关以刘某峰等37人涉嫌诈骗罪移送天津市津南区人民检察院起诉。同年12月2日，检察机关以诈骗罪对刘某峰等37人提起公诉。2020年12月21日，天津市津南区人民法院以诈骗罪分别判处刘某峰等37人有期徒刑十三年至一年不等，并处罚金人民币三十万元至一万元不等。刘某峰提出上诉，2021年3月3日，天津市第二中级人民法院裁定驳回上诉，维持原判。

结合本案办理，检察机关制作反诈宣传视频，深入大中专院校、街道社区进行宣传，警示游戏玩家警惕"游戏托"诈骗，对游戏中发布的信息要仔细甄别，理性充值，避免遭受财产损失。同时，检察人员深入游戏研发企业座谈，提出企业在产品研发、市场推广中存在的法律风险，督促企业规范产品推广，审慎审查合作方的推广模式，合理设定推广费用，加强产品推广过程中的风险管控。

【典型意义】

1. 以游戏充值方式骗取行为人资金，在"游戏托"诈骗中较为常见，要准确认定其诈骗本质，依法从严惩治。"游戏托"诈骗是新近出现的一种诈骗方式。犯罪分子在网络游戏中扮演异性角色，以"奔现交友"（系网络用语，指由线上虚拟转为线下真实交友恋爱）等话术骗取被害人信任，以游戏充值等方式诱骗被害人支付明显超出正常范围的游戏费用，具有较强的隐蔽性和欺骗性。检察机关要透过犯罪行为表象，通过对交友话术欺骗性、充值数额异常性、获利手段非法性等因素进行综合分析，认定其诈骗犯罪本质，依法予以严厉打击。

2.强化安全防范意识，提高游戏玩家自我防范能力。网络游戏用户规模大、人数多，犯罪分子在网络游戏中使用虚假身份，运用诈骗"话术"，极易使游戏玩家受骗。对于广大游戏玩家而言，应当提高安全防范意识，对于游戏中发布的信息仔细甄别，对于陌生玩家的主动"搭讪"保持必要的警惕，以健康心态参与网络游戏，理性有节制进行游戏充值，防止落入犯罪分子编织的"陷阱"。

3.推动合规建设，促进网络游戏行业规范健康发展。结合司法办案，检察机关协同有关部门要进一步规范网络游戏行业，严格落实备案制度，完善游戏推广机制，加强对游戏过程中违法犯罪信息的监控查处，推动网络游戏企业加强合规建设，督促企业依法依规经营。

案例五　吴某强、吴某祥等 60 人诈骗案

——虚构基因缺陷引诱被害人购买增高产品套餐骗取钱款

【关键词】

电信网络诈骗　网络销售　保健品　基因检测

【要旨】

准确认定网络销售型诈骗中行为人对所出售商品"虚构事实"的行为，依法区分罪与非罪、此罪与彼罪的界限，精准惩治。对于涉案人数较多的电信网络诈骗案件，区分对象分层分类处理，做到宽严相济，确保案件效果良好。

【基本案情】

被告人吴某强，系广州助高健康生物科技有限公司（以下简称助高公司）法定代表人、总经理；

被告人吴某祥，系助高公司副总经理，吴某强之弟；

其余58名被告人均系助高公司员工。

2016年9月，被告人吴某强注册成立助高公司，组建总裁办、广告部、服务部、销售部等部门，逐步形成以其为首要分子，吴某祥等人为骨干成员的电信网络诈骗犯罪集团。该犯罪集团针对急于增高的青少年人群，委托他人生产并低价购进"黄精高良姜压片""氨基酸固体饮料""骨胶原蛋白D"等不具有增高效果的普通食品，在其包装贴上"助高特效产品"标识，将上述食品从进价每盒人民币20余元抬升至每盒近600元，以增高套餐的形式将产品和服务捆绑销售，在互联网上推广。

为进一步引诱客户购买产品，助高公司私下联系某基因检测实验室工作人员，编造客户存在"骨密度低"等基因缺陷并虚假解读基因检测报告，谎称上述产品和服务能够帮助青少年在3个月内增高5—8厘米，骗取被害人信任并支付高额货款，以此实施诈骗。当被害人以无实际效果为由要求退款时，助高公司销售及服务人员或继续欺骗被害人升级套餐，或以免费更换服务方案等方式安抚、欺骗被害人，直至被害人放弃。经查，该犯罪集团骗取13239名被害人共计人民币5633万余元。

【检察履职过程】

本案由江苏省盐城市大丰区公安局立案侦查。2020年1月，公安机关以吴某强、吴某祥等117人涉嫌诈骗罪提请盐城市大丰区人民检察院批准逮捕。检察机关审查后，对吴某强、吴某祥等60人批准逮捕，对参与时间短、情节轻微、主观无诈骗故意的57人不批准逮捕；对2名与助高公司共谋、编造虚假基因检测报告的人员监督立案（另案处理）。同年6月16日至20日，公安机关先后将吴某强、吴某祥等60人移送检察机关起诉。同年7月13日至7月18日，检察机关先后对吴某强、吴某祥等60名被告人以诈骗罪提起公诉。2021年2月9日，盐城市大丰区人民法院以诈骗罪判处吴某强有期徒刑十四年，罚金人民币三百万元；判处吴某祥有期徒刑十二年，罚金人民币二百万元；其他58人有期徒刑九年至二年不等，并处罚金人民币九万元至二万元不等。部分被告人提出上诉，盐城市中级人民法院对其中一名被告人根据最终认定的诈骗金额调整量刑；对其他被告人驳回上诉，维持原判。

【典型意义】

1.准确认定网络销售型诈骗中行为人对所出售商品"虚构事实"的行为，依法区分罪与非罪、此罪与彼罪的界限。在网络销售型诈骗中，被告人为了达到骗取钱款的目的，需要对其出售的商品进行虚假宣传，这其中存在着与民事欺诈、虚假广告罪之间的界分问题。在办理这类案件时，检察人员要从商品价格、功能、后续行为等角度综合考虑。对于被告人出售商品价格与成本价差距过于悬殊、对所销售商品功效以及对购买者产生影响"漠不关心"、采用固定销售"话术""剧本"套路被害人反复购买、被害人购买商品所希望达到目的根本无法实现的，结合被告人供述，可认定其具有非法占有目的，依法以诈骗罪论处。行为人为了拓宽销路、提高销量，对所出售的商品作夸大、虚假宣传的，可按民事欺诈处理；情节严重的，符合虚假广告罪构成要件的，依法可以虚假广告罪论处。行为人明知他人从事诈骗活动，仍为其提供广告等宣传的，可以诈骗罪共犯论处。

2.对于涉案人数较多的电信网络诈骗案件，区分对象分层处理。电信网络诈骗案件层级多、人员多，对此检察机关要区分人员地位作用、分层分类处理，不宜一刀切。对于参与时间较短、情节较轻、获利不多的较低层次人员，贯彻"少捕慎诉慎押"的刑事司法政策，依法从宽处理。对于犯罪集团中的组织者、骨干分子和幕后"金主"，依法从严惩处。对于与诈骗分子同谋，为诈骗犯罪提供虚假证明、技术支持等帮助，依法以诈骗罪共犯论处，做到罚当其罪。

案例六 罗某杰诈骗案

——利用虚拟货币为境外电信网络诈骗团伙跨境转移资金

【关键词】

电信网络诈骗 虚拟货币 资金跨境转移 共同犯罪

【要旨】

利用虚拟货币非法进行资金跨境转移，严重危害经济秩序和社会稳定，应当依法从严全链条惩治。对于专门为诈骗犯罪团伙提供资金转移通道，形成较为稳定协作关系的，应以诈骗罪共犯认定，实现罪责刑相适应。

【基本案情】

被告人罗某杰，男，1993年9月4日生，无固定职业。

2020年2月13日，被告人罗某杰在境外与诈骗分子事前通谋，计划将诈骗资金兑换成虚拟货币"泰达币"，并搭建非法跨境转移通道。罗某杰通过境外地下钱庄人员戴某明和陈某腾（均为外籍、另案处理），联系到中国籍虚拟货币商刘某辉（另案处理），共同约定合作转移诈骗资金。同年2月15日，被害人李某等通过网络平台购买口罩被诈骗分子骗取人民币110.5万元后，该笔资金立即转入罗某杰控制的一级和二级账户，罗某杰将该诈骗资金迅速转入刘某辉账户；刘某辉收到转账后，又迅速向陈某腾的虚拟货币钱包转入14万余个"泰达币"，陈某腾扣除提成，即转给罗某杰13万个"泰达币"。后罗某杰将上述13万个"泰达币"变现共计人民币142万元。同年5月11日，公安机关抓获罗某杰，并从罗某杰处扣押、冻结该笔涉案资金。

【检察履职过程】

本案由山东省济宁市公安局高新技术产业开发区分局立案侦查。2020年5月14日，济宁高新区人民检察院介入案件侦查。同年8月12日，公安机关以罗某杰涉嫌诈骗罪移送起诉。因移送的证据难以证明罗某杰与上游诈骗犯罪分子有共谋，同年9月3日，检察机关以掩饰、隐瞒犯罪所得罪提起公诉，同时开展自行侦查，进一步补充收集到罗某杰与诈骗犯罪分子事前联络、在犯罪团伙中专门负责跨境转移资金的证据，综合全案证据，认定罗某杰为诈骗罪共犯。2021年7月1日，检察机关变更起诉罪名为诈骗罪。同年8月26日，济宁高新区人民法院以诈骗罪判处罗某杰有期徒刑十三年，并处罚金人民币十万元。罗某杰提出上诉，同年10月19日，济宁市中级人民法院裁定驳回上诉，维持原判。

结合本案办理，济宁市检察机关与外汇监管部门等金融监管机构召开座谈会，建议相关单位加强反洗钱监管和金融情报分析，构建信息共享和监测封堵机制；加强对虚拟货币交易的违法性、危害性的社会宣传，提高公众防范意识。

【典型意义】

1. 利用虚拟货币非法跨境转移资金，严重危害经济秩序和社会稳定，应当依法从严惩治。虚拟货币因具有支付工具属性、匿名性、难追查等特征，往往被电信网络诈骗犯罪团伙利用，成为非法跨境转移资金的工具，严重危害正常金融秩序，影响案件侦办和追赃挽损工作开展。检察机关要依法加大对利用虚拟货币非法跨境转移资金行为的打击力度，同步惩治为资金转移提供平台支持和交易帮助的不法虚拟货币商，及时阻断诈骗集团的资金跨境转移通道。

2. 专门为诈骗犯罪分子提供资金转移通道，形成较为稳定协作关系的，应以诈骗罪共犯认定。跨境电信网络诈骗犯罪案件多是内外勾结配合实施，有的诈骗犯罪分子在境外未归案，司法机关难以获取相关证据，加大了对在案犯罪嫌疑人行为的认定难度。检察机关在办理此类案件时，要坚持主客观相统一原则，全面收集行为人与境外犯罪分子联络、帮助转移资金数额、次数、频率等方面的证据，对于行为人长期帮助诈骗团伙转账、套现、取现，或者提供专门资金转移通道，形成较为稳定协作关系的，在综合全案证据基础上，应认定其与境外诈骗分子具有通谋，以诈骗罪共犯认定，实现罪责刑相适应。

案例七　徐某等 6 人侵犯公民个人信息案

——行业"内鬼"利用非法获取的公民个人信息激活手机"白卡"用于电信网络诈骗犯罪

【关键词】

侵犯公民个人信息罪　手机卡　刑事附带民事公益诉讼

【要旨】

公民个人信息是犯罪分子实施电信网络诈骗犯罪的"基础物料"。特别是行业"内鬼"非法提供个人信息，危害尤为严重。对于侵犯公民个人信息的行为，检察机关坚持源头治理全链条打击。注重发挥刑事检察和公益诉讼检察双向合力，加强对公民个人信息的全面司法保护。

【基本案情】

被告人徐某，系浙江杭州某科技公司负责人；

被告人郑某，系浙江诸暨某通信营业网点代理商；

被告人马某辉，无固定职业；

被告人时某华，系江苏某人力资源公司员工；

被告人耿某军，系江苏某劳务公司员工；

被告人赵某，系上海某劳务公司员工。

2019 年 12 月，被告人徐某、郑某合谋在杭州市、湖州市、诸暨市等地非法从事手机卡"养卡"活动。即先由郑某利用担任手机卡代理商的便利，申领未实名验证的手机卡（又称"白卡"）；再以每张卡人民币35元至40元的价格交由职业开卡人马某辉；马某辉通过在江苏省的劳务公司员工时某华、耿某军等人，以办理"健康码"、核实健康信息等为由，非法采集劳务公司务工人员身份证信息及人脸识别信息，对"白卡"进行注册和实名认证。为规避通信公司对外省开卡的限制，时某华、耿某军利用郑某工号和密码登录内部业务软件，将手机卡开卡位置修改为浙江省。此外，马某辉还单独从赵某处购买公民个人信息400余条用于激活"白卡"。

经查，上述人员利用非法获取的公民个人信息办理手机卡共计3500余张。其中，被告人徐某、郑某、马某辉非法获利共计人民币147705元，被告人时某华、耿某军非法获利共计人民币59700元，被告人赵某非法获利共计人民币7220元。上述办理的手机卡中，有55张卡被用于电信网络诈骗犯罪，涉及68起诈骗案件犯罪数额共计人民币284万余元。

【检察履职过程】

本案由浙江省杭州市公安局钱塘新区分局（现为杭州市公安局钱塘分局）立案侦查。2020年12月10日，杭州市经济技术开发区人民检察院（现为杭州市钱塘区人民检察院）介入案件侦查。2021年2月4日，公安机关以徐某等6人涉嫌侵犯公民个人信息罪移送起诉。刑事检察部门在审查过程中发现，被告人利用工作便利，非法获取公民个人信息注册手机卡，侵犯了不特定公民的隐私权，损害了社会公共利益，将案件线索同步移送本院公益诉讼检察部门。公益诉讼检察部门以刑事附带民事公益诉讼立案后，开展了相关调查核实工作。

2021年11月30日、12月1日，检察机关以徐某等6人涉嫌侵犯公民个人信息罪提起公诉，同时提起刑事附带民事公益诉讼。同年12月31日，杭州市钱塘区人民法院以侵犯公民个人信息罪对徐某等6名被告人判处有期徒刑三年至七个月不等，并处罚金人民币九万元至一万元不等。同时，判决被告人徐某等6人连带赔偿人民币十四万余元，并在国家级新闻媒体上进行公开赔礼道歉。被告人未上诉，判决已生效。

针对通信公司网点人员"养卡"的问题，检察机关与有关通信公司座谈，建议加强开卡和用卡环节内部监管，切断电信网络诈骗犯罪黑产链条。针对不法分子通过"地推"（"地推"是指通过实地宣传进行市场营销推广人员的简称）获取大学生、老年人、务工人员等群体个人信息的情况，检察人员在辖区大学城、社区、园区企业开展普法宣传，通过以案释法，提升民众的防范意识和能力。

【典型意义】

1. 公民个人信息成为电信网络诈骗犯罪的基础工具，对于侵犯公民个人信息的行为，坚持源头治理全链条打击。当前，非法泄露公民个人信息已成为大多数电信网络诈骗犯罪的源头行为。有的犯罪分子把非法获取的公民个人信息用于注册手机卡、银行卡作为实施诈骗的基础工具；有的利用这些信息对被害人进行"画像"实施精准诈骗。检察机关要把惩治侵犯公民个人信息作为打击治理的重点任务，既要通过查办电信网络诈骗犯罪，追溯前端公民个人信息泄露的渠道和人员；又要通过查办侵犯公民个人信息犯罪，深挖关联的诈骗等犯罪线索，实现全链条打击。特别是对于行业"内鬼"泄露公民个人信息的，要坚持依法从严追诉，从重提出量刑建议，加大罚金刑力度，提高犯罪成本。

2.发挥刑事检察和公益诉讼检察双向合力,加强对公民个人信息的全面司法保护。加强公民个人信息司法保护,是检察机关的重要职责。个人信息保护法明确授权检察机关可以提起这一领域的公益诉讼。检察机关刑事检察和公益诉讼检察部门要加强协作配合,强化信息互通、资源共享、线索移送、人员协作和办案联动,形成办案双向合力,切实加强对公民个人信息的全面司法保护。

案例八 施某凌等18人妨害信用卡管理案

——多人参与、多途径配合搭建专门运输通道
向境外运送银行卡套件

【关键词】

妨害信用卡管理罪 银行卡 物流寄递

【要旨】

当前,银行卡已成为电信网络诈骗犯罪的基础工具,围绕银行卡的买卖、运输形成一条黑色产业链。检察机关要严厉打击境内运输银行卡犯罪行为,深入推进"断卡"行动,全力阻断境外电信网络诈骗犯罪物料运输通道。结合司法办案,推动物流寄递业监管,压实企业责任,提高从业人员的法治意识。

【基本案情】

被告人施某凌,无固定职业;

被告人王某韬，无固定职业；

被告人吴某鑫，无固定职业；

被告人蔡某向，某快递点经营者；

被告人施某补，无固定职业；

被告人郑某，某快递点经营者；

被告人施某莉，无固定职业；

其他11名被告人基本情况略。

2018年7月至2019年10月间，在菲律宾的被告人施某凌以牟利为目的，接受被告人王某韬以及"周生""龙虾"（均系化名，在逃）等人的委托，提供从国内运送信用卡套件到菲律宾马尼拉市的物流服务。

被告人施某凌接到订单后，直接或者通过被告人吴某鑫联系全国各地1000多名长期收集、贩卖银行卡的不法人员，通过物流快递和水客携带运输的方式，将购买的大量他人银行卡、对公账户通过四个不同层级，接力传递，运送至菲律宾。具体运输流程如下：首先由施某凌等人将从"卡商"处收购的大量银行卡以包裹形式运送至蔡某向等人经营的位于福建晋江、石狮一带的物流点；再由被告人施某补等人将包裹从上述物流点取回进而拆封、统计、整理后，乘坐大巴车携带运往郑某等人经营的广东深圳、珠海一带的物流点；后由往来珠海到澳门的"水客"以"蚂蚁搬家"方式，或由被告人郑某通过货车夹带方式，将包裹运往被告人施某莉在澳门设立的中转站；最终由施某莉组织将包裹从澳门空运至菲律宾。包裹到达菲律宾境内后，吴某鑫再组织人员派送给王某韬以及"周生""龙虾"等人。

经查，被告人施某凌等人参与运转的涉案银行卡套件多达5万余套，获利共计人民币616万余元。

【检察履职过程】

本案由福建省晋江市公安局立案侦查。2019年11月1日晋江市人民检察院介入案件侦查。公安机关于2020年4月20日、10月4日以妨害信用卡管理罪将本案被告人分两批移送起诉。检察机关于同年8月18日、11月4日以妨害信用卡管理罪对被告人分批提起公诉，晋江市人民法院对两批案件并案审理。2021年5月6日，晋江市人民法院以妨害信用卡管理罪判处施某凌、王某韬、吴某鑫、蔡某向、施某补、郑某、施某莉等18人有期徒刑九年至二年三个月不等，并处罚金人民币二十万元至二万元不等。部分被告人上诉，同年9月13日，泉州市中级人民法院二审维持原判决。

根据本案所反映出的物流行业经营的风险问题，晋江市检察机关会同当地商务、交通运输、海关、邮政部门联合制发了《晋江市物流行业合规建设指引（试行）》，通过建立健全物流行业合规风险管理体系，加强对行业风险的有效识别和管理，促进物流行业合规建设。同时，督促物流企业加强内部人员法治教育，加大以案释法，切实推进行业规范经营发展。

【典型意义】

1. 严厉打击境内运输银行卡犯罪行为，全力阻断境外电信网络诈骗犯罪物料运转通道。当前，境外电信网络诈骗犯罪分子为了转移诈骗资金，需要获取大量的国内公民银行卡，银行卡的转移出境成为整个犯罪链条中的关键环节。实践中，犯罪分子往往将物流寄递作为运输的重要渠道，通过陆路、水路、航空多种方式流水作业，将银行卡运送到境外。为此，检察机关要深入推进"断卡"行动，加强物流大数据研判分析，掌握银行卡在境内运转轨迹，依法严厉打击买卖、运输银行卡的犯罪行为，尤其是要切断境内外转运的关键节点，阻断银行卡跨境运转通道。

2. 推动社会综合治理，促进物流寄递业规范经营。物流寄递具有触角长、交付快、覆盖面广等特点，因而在运输银行卡过程中容易被犯罪分子利用。对此，检察机关要结合办案，主动加强沟通，推动物流寄递业加强行业监管，压实企业主体责任，严把寄递企业"源头关"、寄递物品"实名关"、寄递过程"安检关"。对于发现的涉大量银行卡的包裹，相关企业要加强重点检查，及时向寄递人核实了解情况，必要时向公安机关反映，防止银行卡非法转移。结合典型案例，督促物流企业加强培训宣传，通过以案释法，提高从业人员的法治意识和安全防范能力，防止成为电信网络诈骗犯罪的"帮凶"。

案例九　唐某琪、方某帮助信息网络犯罪活动案

——非法买卖 GOIP 设备并提供后续维护支持，
为电信网络诈骗犯罪提供技术帮助

【关键词】

帮助信息网络犯罪活动罪　GOIP 设备[①]　技术支持　网络黑灰产业链

[①] GOIP（Gsm Over Internet Protocol）设备是一种虚拟拨号设备，该设备能将传统电话信号转化为网络信号，供上百张手机卡同时运作，并通过卡池远程控制异地设备，实现人机分离、人卡分离、机卡分离等功能。

【要旨】

电信网络诈骗犯罪分子利用 GOIP 设备拨打电话、发送信息，加大了打击治理难度。检察机关要依法从严惩治为实施电信网络诈骗犯罪提供 GOIP 等设备行为，源头打击治理涉网络设备的黑色产业链。坚持主客观相统一，准确认定帮助信息网络犯罪活动罪中的"明知"要件。

【基本案情】

被告人唐某琪，系广东深圳乔尚科技有限公司（以下简称乔尚公司）法定代表人；

被告人方某，系浙江杭州三汇信息工程有限公司（以下简称三汇公司）销售经理。

被告人唐某琪曾因其销售的 GOIP 设备涉及违法犯罪被公安机关查扣并口头警告，之后其仍以乔尚公司名义向方某购买该设备，并通过网络销售给他人。方某明知唐某琪将 GOIP 设备出售给从事电信网络诈骗犯罪的人员，仍然长期向唐某琪出售。自 2019 年 12 月至 2020 年 10 月，唐某琪从方某处购买 130 台 GOIP 设备并销售给他人，并提供后续安装、调试及配置系统等技术支持。其间，公安机关在广西北海、钦州以及贵州六盘水、铜仁等地查获唐某琪、方某出售的 GOIP 设备 20 台。经查，其中 5 台设备被他人用于实施电信网络诈骗，造成张某淘、李某兰等人被诈骗人民币共计 34 万余元。

【检察履职过程】

本案由广西壮族自治区北海市公安局立案侦查。2020 年 9 月 27 日，北海市人民检察院介入案件侦查。2021 年 1 月 25 日，公安机关以唐某琪、方某涉嫌帮助信息网络犯罪活动罪移送起诉，北海市人民检察院将本案指定由海城区人民检察院审查起诉。检察机关经审查认为，唐某琪曾因其销售的 GOIP 设备涉及违法犯罪被公安机关查扣并口头警告后，仍然实施有关行为；方某作为行业销售商，明知 GOIP 设备多用于电信网络诈骗犯罪且收到公司警示通知的情况下，对销售对象不加审核，仍然长期向唐某琪出售，导致所出售设备被用于电信网络诈骗犯罪，造成严重危害，依法均应认定为构成帮助信息网络犯罪活动罪。同年 6 月 21 日，检察机关以帮助信息网络犯罪活动罪对唐某琪、方某提起公诉。同年 8 月 2 日，北海市海城区人民法院以帮助信息网络犯罪活动罪分别判处被告人唐某琪、方某有期徒刑九个月、八个月，并处罚金人民币一万二千元、一万元。唐某琪提出上诉，同年 10 月 18 日，北海市中级人民法院裁定驳回上诉，维持原判。

【典型意义】

1. GOIP 设备被诈骗犯罪分子使用助推电信网络诈骗犯罪，要坚持打源头斩链条，防止该类网络黑灰产滋生发展。当前，GOIP 设备在电信网络诈骗犯罪中被广泛使用，尤其是一些诈骗团伙在境外远程控制在境内安置的设备，加大反制拦截和信号溯源的难度，给案件侦办带来诸多难题。检察机关要聚焦违法使用 GOIP 设备所形成的黑灰产业链，既要从严惩治不法生产商、销售商，又要注重惩治专门负责设备安装、调试、维修以及提供专门场所放置设备的不法人员，还要加大对为设备运转提供大量电话卡的职业"卡商"的打击力度，全链条阻断诈骗分子作案工具来源。

2. 坚持主客观相统一，准确认定帮助信息网络犯罪活动罪中的"明知"要件。行为人主观上明知他人利用信息网络实施犯罪是认定帮助信息网络犯罪活动罪的前提条件。对于这一明知条件的认定，要坚持主客观相统一原则予以综合认定。对于曾因实施有关技术支持或帮助行为，被监管部门告诫、处罚的，仍然实施有关行为的，如没有其他相反证据，可依法认定其明知。对于行业内人员出售、提供相关设备工具被用于网络犯罪的，要结合其从业经历、对设备工具性能了解程度、交易对象等因素，可依法认定其明知，但有相反证据的除外。

案例十　周某平、施某青帮助信息网络犯罪活动案

——冒用他人信息实名注册并出售校园宽带账号为电信网络诈骗犯罪提供工具

【关键词】

帮助信息网络犯罪活动罪　宽带账号　通信行业治理　平安校园建设

【要旨】

为他人逃避监管或者规避调查，非法办理、出售网络宽带账号，情节严重的，构成帮助信息网络犯罪活动罪，应当依法打击、严肃惩处。检察机关要会同相关部门规范电信运营服务、严格内部从业人员管理。加强校园及周边综合治理，深化法治宣传教育，共同牢筑网络安全的校园防线。

【基本案情】

被告人周某平，系某通信公司宽带营业网点负责人；

被告人施某青，系某通信公司驻某大学营业网点代理商上海联引通信技术有限公司工作人员。

2019年上半年起，被告人周某平在网上获悉他人求购宽带账号的信息后，向施某青提出购买需求。施某青利用负责面向在校学生的"办理手机卡加1元即可办理校园宽带"服务的工作便利，在学生申请手机卡后，私自出资1元利用申请手机卡的学生信息办理校园宽带账号500余个，以每个宽带账号人民币200元的价格出售给周某平，周某平联系买家出售。周某平、施某青作为电信行业从业人员，明知宽带账号不能私下买卖，且买卖后极有可能被用于电信网络诈骗等犯罪，仍私下办理并出售给上游买家。同时，为帮助他人逃避监管或规避调查，两人还违规帮助上游买家架设服务器，改变宽带账号的真实IP地址，并对服务器进行日常维护。周某平、施某青分别获利人民币8万余元、10万余元。经查，二人出售的一校园宽带账号被他人用于电信网络诈骗，致一被害人被骗人民币158万余元。

【检察履职过程】

本案由上海市公安局闵行分局立案侦查。2021年6月4日，公安机关以周某平、施某青涉嫌帮助信息网络犯罪活动罪移送闵行区人民检察院起诉。同年6月30日，检察机关对周某平、施某青以帮助信息网络犯罪活动罪提起公诉。同年7月12日，闵行区人民法院以帮助信息网络犯罪活动罪判处周某平有期徒刑八个月，并处罚金人民币一万元；判处施某青有期徒刑七个月，并处罚金人民币一万元。被告人未上诉，判决已生效。

针对本案办理中所暴露的宽带运营服务中的管理漏洞问题，检察机关主动到施某青所在通信公司走访，通报案件情况，指出公司在业务运营中所存在的用户信息管理不严、业务办理实名认证落实不到位等问题，建议完善相关业务监管机制，加强用户信息管理。该公司高度重视，对涉案的驻某高校营业厅处以年度考评扣分的处罚，并规定"1元加购宽带账户"的业务必须由用户本人到现场拍照确认后，方可办理。检察机关还结合开展"反诈进校园"活动，提示在校学生加强风险意识，防范个人信息泄露，重视名下个人账号管理使用，防止被犯罪分子利用。

【典型意义】

1.非法买卖宽带账号并提供隐藏IP地址等技术服务，属于为网络犯罪提供技术支持或帮助，应当依法从严惩治。宽带账号直接关联到用户网络个人信息，关系到互联网日常管理维护，宽带账号实名制是互联网管理的一项基本要求。电信网络从业人员利用职务便利，冒用校园用户信息开通宽带账户倒卖，为犯罪分子隐藏真实身份提供技术支持帮助，侵犯用户的合法权益、影响网络正常管理，也给司法办案制造了障碍。对于上述行为，情节严重的，构成帮助信息网络犯罪活动罪，应当依法追诉；对于行业内部人员利用工作便利实施上述行为的，依法从严惩治。

2.规范通信运营服务，严格行业内部人员管理，加强源头治理，防范网络风险。加强通信行业监管是打击治理电信网络诈骗的重要内容。网络黑灰产不断升级发展，给电信行业监管带来不少新问题。对此，检察机关要结合办案所反映出的风险问题，会同行业主管部门督促业内企业严格落实用户实名制，规范用户账号管理；建立健全用户信息收集、使用、保密管理机制，及时堵塞风险漏洞，对于频繁应用于诈骗等违法犯罪活动的高风险业务及时清理规范。要督促有关企业加强对内部人员管理，加大违法违规案例曝光，强化警示教育，严格责任追究，构筑企业内部安全"防火墙"。

3. 加强校园及周边综合治理，深化法治宣传教育，共同牢筑网络安全的校园防线。当前，校园及周边电信网络诈骗及其关联案件时有发生，一些在校学生不仅容易成为诈骗的对象，也容易为了眼前小利沦为诈骗犯罪的"工具人"。要深化检校协作，结合发案情况，深入开展校园及周边安全风险排查整治，深入开展"反诈进校园"活动，规范校园内电信、金融网点的设立、运营，重视加强就业兼职等重点领域的法治教育。

案例指导

检察机关打击治理电信网络诈骗及关联犯罪典型案例解读

赵 玮 纪敬玲[*]

为深入贯彻习近平总书记重要指示精神，认真落实中央办公厅、国务院办公厅《关于加强打击治理电信网络诈骗违法犯罪工作的意见》（以下简称《意见》），持续向社会传递依法从严惩治电信网络诈骗及关联犯罪的信号，切实增强社会公众防范意识，近日，最高人民检察院发布检察机关打击治理电信网络诈骗及关联犯罪典型案例共10件。为更好地发挥典型案例指引和规范作用，现作如下解读。

一、发布这批典型案例的背景和意义

近年来，电信网络诈骗及关联犯罪呈多发态势，严重影响人民群众安全感，严重污蚀网络环境。2021年，检察机关起诉电信网络诈骗犯罪近4万人，起诉帮助信息网络犯罪活动罪12.9万人。以习近平同志为核心的党中央对此高度重视，2021年4月，习近平总书记作出重要批示，要求坚持以人民为中心，全面落实打防管控措施，坚决遏制电信网络诈骗犯罪多发高发态势。近日，中央办公厅、国务院办公厅印发《意见》，加强顶层设计，为做好今后一段时期打击治理工作提

---

[*] 赵玮，最高人民检察院第四检察厅主办检察官，三级高级检察官；纪敬玲，最高人民检察院第四检察厅四级高级检察官助理。

供了重要遵循。一年来，检察机关认真贯彻落实，把打击治理工作列为"我为群众办实事"的重点任务之一，依法严厉惩治电信网络诈骗及关联犯罪，协同推进网络综合治理，全力维护人民群众合法权益，共同营造清朗网络空间。

本次发布的10件典型案例，就是检察机关深入贯彻落实习近平总书记重要指示精神和《意见》，全链条惩治、一体化治理、精准化预防电信网络诈骗及关联犯罪的真实体现。从案件类型上来看，包括电信网络诈骗犯罪（案例一至案例六）和与之关联的网络黑产犯罪（案例七至案例十），较为全面地反映了电信网络诈骗犯罪整体样态，较为深入地揭示了这类犯罪的社会危害性。从检察履职上来看，突出依法能动履职，不仅介绍检察机关加强司法办案、依法打击犯罪的成效，还介绍了检察机关主动作为，协同推进社会治理的实践，从不同角度展现检察机关"惩治为要、预防为先、治理为本"的理念和作为。从典型意义看，既有对司法办案的指导意义，也有对社会公众的教育和对犯罪分子的警示意义，还有对加强行业监管和平台治理的规范意义。

从所发布案例看，当前，电信网络诈骗犯罪呈现出领域广、手段新、危害深的特点。领域广，就是指诈骗行为涉及日常生活诸多领域。一方面，传统领域诈骗有新变化。比如投资理财类诈骗，欺骗投资项目已经从传统实体产业扩展至虚拟产业；欺骗投资金融理财产品既有国内又有国外，既有传统金融产品也有虚拟货币、交易指数等新型产品。另一方面，新领域诈骗不断出现。较为突出的如网络游戏领域诈骗，主要涉及游戏装备、皮肤买卖，也出现游戏空间交友诈骗，如案例四就是反映新型的"游戏托"诈骗方式。又如"饭圈"追星领域诈骗，主要涉及为明星投票打榜、购买明星代言产品、消费明星周边[①]等，不少年轻人包括未成年人深陷其中，如案例三就是这一类型。

手段新，首先，新在诈骗"话术"上，犯罪分子往往蹭前沿业态的热点，以新技术、新概念包装项目并吸引社会公众参与其中，比较典型的就是以投资虚拟货币为名实施的诈骗。其次，新在诈骗"技术"上，不少网络技术、网络设备被用于违法犯罪，不仅提升了犯罪效率、降低了犯罪成本，也为犯罪分子逃避监管或规避调查提供了支持帮助。如案例九中，犯罪分子将GOIP虚拟拨号设备用于犯罪，大大降低了人力和时间成本。最后，新在诈骗"空间"上，犯罪分子在传统跨地域（疆域）基础上，出现了跨平台的趋势。行为人将整个诈骗行为分割成多个子行为（如收集信息、引流、虚假投资、洗钱等），在多个平台上实施，从单个平台看，每个行为都是符合规则的，但是串联起来就是一个相互配合、相互衔接的犯罪行为。

危害深，体现为电信网络诈骗犯罪危害程度叠加升级，影响扩大蔓延。这类案件尤其是跨境案件，往往被骗群众多、涉案金额大，有的高达上亿元，不少是老百姓的养老钱、看病钱、求学钱。一些犯罪分子将网络技术用于犯罪，背离技术向善的宗旨，阻碍互联网数字经济发展。网络黑灰产滋生蔓延，导致犯罪门槛降低，一些法律意识淡薄的普通民众参与其中。尤其在"断卡"行动中发现，不少年轻人沉溺于出售"两卡"（即电话卡、银行卡）、帮助转移资金后带来的物质回报，甚至将此作为职业坐等收益，不仅深陷犯罪泥潭，而且导致思想滑坡、观念扭曲。

[①] 明星周边是指由明星衍生出的相关产品，而非由明星或其经纪公司自己推出的产品。比如带有明星照片的海报、记事本、杯子、抱枕、背包等。

二、穿透话术技术表象，依法认定行为的诈骗本质

当前，电信网络诈骗的手段花样翻新，较之前具有更强的隐蔽性和欺骗性，不仅对于广大民众来说防不胜防，而且也给司法办案提出了许多新的课题。检察机关在办理这类案件时，要穿透行为表象，通过对话术、手段技术、资金流向等因素的综合分析，依法准确认定诈骗犯罪。

从犯罪方式看，当前电信网络诈骗犯罪主要有以下三种具体行为方式。一是"空手套白狼"。这是最为常见的诈骗方式，在投资理财类诈骗中尤为突出。诈骗集团往往以投资虚假项目产品为幌子，通过搭建虚假的交易平台实施诈骗，隐蔽性强、受害人众多、涉案金额往往特别巨大。如案例一中，犯罪分子就是以投资区块链、欧洲平均工业指数为幌子，搭建虚假的交易平台，冒充专业指导老师诱使被害人在平台上开设账户并充值，所充钱款流入该团伙实际控制的对公账户中。二是"以小套大"。在行骗初期，犯罪分子往往通过小额返利、履行价值不高的合同获取被害人的信任，使其放松警惕，进而投入更多资金最终被骗。这种方式在"刷单"返利型诈骗和"杀猪盘"诈骗中较为常见。三是"温水煮青蛙"。与传统诈骗方式相比，这类诈骗方式欺骗性迷惑性隐蔽性更强，多用于投资理财类诈骗。犯罪分子目的不是被害人的本金，而是由交易产生的手续费。所以犯罪分子往往通过后台操作，制造交易相对平稳、具有盈利可能性的假象，并保证平台中资金的正常支取，诱导被害人频繁交易，从中赚取高额手续费以达到骗取钱款目的。如案例二中，犯罪分子就是采用这种诈骗方式，骗取6628名投资者共计人民币4.19亿余元。

从犯罪类型来看，电信网络诈骗犯罪涉及生产生活诸多领域，打着投资理财、情感交友、网络购物等"幌子"实施诈骗占到近一半比

例。这次发布的6个诈骗犯罪案件涉及四种类型。一是投资理财类。据统计，这一领域诈骗占到四分之一，位居首位。这次发布的案例一、案例二均为此类。实践中，犯罪分子往往会通过搭建交易平台来实施。对于检察官来说，在审查案件时，要从引流入群、交易入资、资金入账等方面，全面把握投资平台操作模式，重点围绕"交易操控方式、平台盈利来源、被害人资金流向"等关键事实，准确认定平台运作的虚假性和投资钱款的非法占有性，全面认定整个平台和参与成员的犯罪事实，依法予以追诉。二是明星打赏类。这类案件伴随"饭圈"文化发展而滋生出现的，犯罪分子诈骗手段并不隐蔽，司法认定难度也不是很大。但由于犯罪分子利用被害人"追星"的盲从心理，加之不少年轻人特别是一些未成年人防范意识较弱，所以往往能轻松达到诈骗目的，给被害人心理造成较大伤害。三是网络游戏类。这一领域诈骗，犯罪分子多是把线下诈骗目的通过线上游戏充值的方式来实现，隐蔽性强，罪与非罪认定标准不是很明晰。如案例四中，犯罪分子在网络游戏中扮演异性角色，以"奔现交友"（系网络用语，指由线上虚拟转为线下真实交友恋爱）等话术骗取被害人信任，以给付见面诚意金、报销飞机票等各种线下理由，诱骗被害人短期内多次支付，且支付明显超出正常使用范围的游戏费用，达到诈骗目的。在办理这类案件时，检察人员要透过犯罪行为表象，通过对交友话术欺骗性、充值次数及数额异常性、获利手段非法性等因素进行综合分析，认定其诈骗犯罪本质。四是网络购物类。如案例五中，犯罪分子利用年轻人急于增高的意愿，以基因检测为幌子，虚构基因缺陷，通过网络引诱被害人购买不具有增高效果的产品骗取钱款，骗取13239名被害人共计人民币5633万余元。在网络购物类诈骗中，被告人为了达到骗取钱款的目的，需要对其出售的商品进行虚假宣传，这其中存在着与民事欺诈、虚假广告罪之间的界分问题。在办理这类案件时，检察人员要从商品价格、功能、后续行为等角度综合考虑。对于被告人出售商品价格与成本价差距过于悬殊、对所销售商品功效以及对购买者产生影响"漠不关心"、采用固定销售"话术""剧本"套路被害人反复购买、被害人购买商品所希望达到的目的根本无法实现的，结合被告人供述等证据，可认定其具有非法占有目的，依法以诈骗罪论处。行为人为了拓宽销路、提高销量，对所出售的商品作夸大、虚假宣传的，可按民事欺诈处理；情节严重的，符合虚假广告罪的，依法可以虚假广告罪论处。

三、坚持系统思维，准确把握关联犯罪的认定标准

伴随网络黑灰产业链发展，与电信网络诈骗相关联犯罪依附在网络黑灰产业上不断滋生蔓延，呈现犯罪链条长、行为方式交织、所涉及罪名多等特点，对于依法认定相关犯罪行为、准确区分此罪与彼罪界限产生不少新问题。发布的这批典型案例坚持问题导向、实践导向，回应了部分实践中的疑难问题。

（一）掩饰、隐瞒犯罪所得、犯罪所得收益罪与诈骗罪共犯之间的区分

随着电信网络诈骗犯罪分工逐步专业细化，对涉诈资金清洗并协助转移已经成为一类相对固定的工作。由于电信网络诈骗犯罪链条长，犯罪分子之间犯意联络相对松散，加之资金高度混同导致犯罪行为相互交织。因此，对于这类行为，实践中是认定为掩饰、隐瞒犯罪所得、犯罪所得收益罪，还是诈骗罪共同犯罪争议较大。2016年"两高一部"《关于办理电信网络诈骗等刑事案件适用法律若干问题的意见》对此作出规定予以区分，其中第三部分第5条规定，明知是电信网络诈骗

犯罪所得及其产生的收益，予以转账、套现、取现的，以掩饰、隐瞒犯罪所得、犯罪所得收益罪追究刑事责任。事前通谋的，以共同犯罪论处。第四部分第 3 条规定，明知他人实施电信网络诈骗犯罪，帮助转移诈骗犯罪所得及其产生的收益，套现、取现的，以共同犯罪论处。但总的看，由于规定相对原则，操作性不是很强。

上述两罪之间如何准确区分，实践中要区分不同情况，结合在案证据综合认定。一是对于行为人与上游诈骗犯罪分子事前通谋或事中勾连的，且有相应主客观证据予以证明的，依法应以诈骗罪共同犯罪论处。前者如在成立诈骗犯罪集团，或从事具体诈骗行为之前，双方就共同预谋、策划、分工的；后者如行为人中途参与到诈骗犯罪集团中，根据分工安排，专门从事资金转账、套现、取现工作的。在这类情形中，行为人对犯罪分子及其实施的诈骗犯罪是有明确认知，且这种认知往往是在其与上游诈骗犯罪分子联络时就已产生。

二是对于行为人既非诈骗团伙成员，也未与上游诈骗分子有直接的事前或事中联系，但是行为人长期帮助诈骗团伙转账、套现、取现，或者提供专门资金转移通道，形成较为稳定协作关系的，已经成为诈骗链条上的固定环节。在这种情况下，行为人对上游诈骗犯罪行为心知肚明。在没有其他相反证据的情况下，综合全案证据，依法可认定其明知他人实施电信网络诈骗犯罪，以诈骗罪共同犯罪论处。当然在这种情形下，我们要坚持主客观相统一原则，全面收集行为人与上游犯罪分子间接联系、协助转移资金数额、次数、频率、持续时间，以及违法所得来源、数额等方面的证据，综合予以认定。如案例六中，犯罪分子罗某杰通过联系境外地下钱庄和虚拟币商，为上游电信网络诈骗犯罪提供固定资金通道，形成了长期稳定的协作关系。在这种情形下，即使没有事前通谋证据，也可结合在案其他证据，认定其明知他人实施电信网络诈骗犯罪，依法以诈骗罪共犯论处。

三是排除上述两种情形，在诈骗犯罪既遂后，如果行为人明知其转移资金系犯罪所得及其收益，仍进行转账、套现、取现等操作的，则可依法认定构成掩饰、隐瞒犯罪所得、犯罪所得收益罪。实践中，行为人往往是为不同的人提供资金转移支持，其对资金的来源持放任的态度，且未与上游诈骗犯罪分子形成固定协作关系。在判断行为人是否明知是犯罪所得及其收益时，应结合行为人认知能力、既往经历、行为次数和手段、资金流转的金额频率、与相对方的关系、获利情况、是否受过刑罚和行政处罚、是否故意规避调查等方面进行综合分析认定。如案例三中，戴某等人应他人的介绍，利用其本人的收款二维码帮助转移赃款收取佣金，在其收款二维码被封控，并提示可能用于违法犯罪、不能再进账后，又相继利用家人收款二维码继续协助转账。综合上述证据，可依法认定其明知转移资金系犯罪所得，以掩饰、隐瞒犯罪所得罪认定。

（二）帮助信息网络犯罪活动罪"主观明知"的认定

帮助信息网络犯罪活动罪的主观明知认定是司法实践中的难点问题。一方面是由于该罪明知程度，是一种高度可能，这种可能性程度如何掌握，缺乏具体标准；另一方面该罪行为与其实际所帮助的上游犯罪行为之间链条较长，多无直接联系，试图通过上游的犯罪行为去认定帮信行为的主观明知，难度较大。因此，2019年10月"两高"发布的《关于办理非法利用信息网络、帮助信息网络犯罪活动等刑事案件适用法律若干问题的解释》第11条规定了可以认定明知的七种情形[1]。2021年6月"两高一部"《关于办理电信网络诈骗等刑事案件适用法律若干问题的意见（二）》又增加规定了两种情形[2]，同时规定了认定明知的总体要求，主要包括坚持主客观综合认定、允许反证、防止片面倚重言词证据和避免简单客观归罪等。但由于电信网络犯罪迭代升级发展，实践中情况也是复杂多样，需要按照总体认定要求，结合具体问题具体分析判断。本次发布的典型案例提供了两种认定本罪明知的具体实践样本，以供办案参考。

一是通过行为人所提供的技术工具的属性来认定行为人的主观明知。如案例九中，被告人非法买卖GOIP设备并提供后续维护支持，为电信网络诈骗犯罪提供技术帮助。尽管GOIP设备在实践中具有一定的合法用途范围，但不可否认的是，当前该设备在电信网络诈骗犯罪中广泛使用，尤其是一些诈骗团伙在境外远程控制在境内安置的设备，加大反制拦截和信号溯源的难度。本案中的被告人之一方某作为

---

[1] 《关于办理非法利用信息网络、帮助信息网络犯罪活动等刑事案件适用法律若干问题的解释》第11条规定："为他人实施犯罪提供技术支持或者帮助，具有下列情形之一的，可以认定行为人明知他人利用信息网络实施犯罪，但是有相反证据的除外：（一）经监管部门告知后仍然实施有关行为的；（二）接到举报后不履行法定管理职责的；（三）交易价格或者方式明显异常的；（四）提供专门用于违法犯罪的程序、工具或者其他技术支持、帮助的；（五）频繁采用隐蔽上网、加密通信、销毁数据等措施或者使用虚假身份，逃避监管或者规避调查的；（六）为他人逃避监管或者规避调查提供技术支持、帮助的；（七）其他足以认定行为人明知的情形。"

[2] 《关于办理电信网络诈骗等刑事案件适用法律若干问题的意见（二）》第8条第2款规定："收购、出售、出租单位银行结算账户、非银行支付机构单位支付账户，或者电信、银行、网络支付等行业从业人员利用履行职责或者提供服务便利，非法开办并出售、出租他人手机卡、信用卡、银行账户、非银行支付账户的，可以认定为《最高人民法院、最高人民检察院关于办理非法利用信息网络、帮助信息网络犯罪活动等刑事案件适用法律若干问题的解释》第十一条第（七）项规定的'其他足以认定行为人明知的情形'。但有相反证据的除外。"

专门经营 GOIP 设备的人员，结合其从业经历、对设备工具性能了解程度等因素，应当明知这一客观情况，其对销售对象及购买用途不加审核，仍然长期向外出售，导致所出售设备被用于电信网络诈骗犯罪，依法可认定其主观上明知他人利用所出售的信息网络设备实施犯罪。

二是通过行为人所从事职业的特点要求来认定行为人的主观明知。如案例十中，被告人周某平、施某青作为电信公司从业人员，明知宽带账号实名制是互联网管理的一项基本要求，且不能私下买卖，买卖后极有可能被用于电信网络诈骗等犯罪，仍利用办理业务的学生所存留的个人信息私下办理宽带账号，并出售给上游买家。对于行业从业人员来说，其对于这一行为产生的风险是知悉的，而且行业内部对其提出更高的注意义务，其仍实施上述行为，可依法认定其主观上明知他人利用所出售的宽带账号网络实施犯罪。

四、注重宽严相济，准确把握办理电信网络诈骗案件的政策导向

从司法实践看，电信网络诈骗犯罪往往涉案人数众多，各自在诈骗集团中的地位作用不同，因此，检察人员在办案中要准确把握宽严相济刑事政策，依法分层处理，确保取得良好效果。

（一）坚持依法从严

这是党中央打击治理电信网络诈骗犯罪的基本立场，必须始终坚持。如何做到依法从严？首先，在惩治对象上，要突出惩治电信网络诈骗犯罪集团的组织者、策划者、骨干分子和幕后"金主"，以及为之提供各类支持帮助的犯罪团伙的头目和骨干、行业"内鬼"。既要从严适用自由刑，又要加大罚金刑处罚力度。如案例一中，魏某双、罗某俊、谢某林、刘某飞担任团伙经理负责各自团队的日常运营，系诈骗集团骨干分子，发挥重要作用，最终对上述 4 名被告人处以有期

徒刑十二年至八年不等的较重刑罚。又如案例二中，在对主犯邱某儒处以有期徒刑十三年的同时，并处罚金人民币二千八百万元。

其次，在惩治范围上，要突出全面惩治，对于犯罪集团各部门、各环节的犯罪分子尤其是幕后的组织者、"金主"，深挖案件线索，实现全链条打击。如案例二中，检察人员围绕投资平台整体运作模式和不同层级犯罪分子之间的行为关联，准确区分集团内部犯罪分子的职能分工。既严厉打击在平台上组织开展诈骗活动的指挥者，又依法惩治在平台上具体实施诈骗行为的操作者，还深挖诈骗平台背后的实质控制者，实现对整个诈骗犯罪集团的全面打击。

最后，在检察履职上，要充分发挥法律监督职能，依法追捕追诉、提起抗诉。电信网络诈骗犯罪关联案件较多，涉案人员随着办案深入不断发生变化，公安机关最初移送审查逮捕、审查起诉人员有时也不尽完整。对此，检察机关要加强与公安机关协作，深挖细查案件线索，对于公安机关应当提请逮捕而未提请的、应当移送起诉而未移送的，依法及时追捕追诉；对于人民法院判决确有错误的，依法提起抗诉。前者如案例一中，检察机关经认真审查，分别向公安机关发出《应当逮捕犯罪嫌疑人建议书》《补充移送起诉通知书》，追捕追诉共计32名电信网络诈骗犯罪团伙成员。后者如案例二中，检察机关认为法院以非法经营罪判决确有错误，提起抗诉，最终法院支持抗诉，对犯罪分子以刑罚更重的诈骗罪进行判决，体现了罪责刑相适应原则。

此外，还要切实加大追赃挽损的力度，不给犯罪分子在经济上以可乘之机，保护受骗群众的财产利益。当前，涉诈资金发现难、追缴难、处置难是困扰司法办案的一个突出问题，也是影响人民群众获得感的重要因素。为此，近期发布的《意见》突出强调健全涉诈资金查处机制，最大限度追赃挽损。检察人员要把追赃挽损作为司法办案重要内容，会同公安机关、人民法院，及时提取、梳理、分析涉及资金证据尤其是电子数据，从平台资金账户、犯罪分子个人账户入手，倒查资金流向，依法及时冻结相关的出入金账户；通过资金流向发现处置线索，依法及时扣押涉案相关财物，阻断诈骗资金的转移和处置，最大限度挽回被害人的财产损失。尤其是在介入案件初期，就要重视加强对涉案资金线索梳理排查，引导公安机关依法及时扣押、冻结涉案资金财物，为后期追赃挽损创造条件。如案例二中，检察机关引导公安机关及时提取、梳理交易平台电子数据，依法冻结涉案账户资金共计人民币8500万余元，判决生效后按比例返还被害人，并责令各被告人继续退赔，取得了良好的效果。

（二）坚持宽以济严

这既是分化瓦解犯罪分子的有效方式，而且也是给予情节较轻的人员悔过自新的机会，减少社会对立面，促进社会和谐的重要举措。尤其在当前，相当一部分的年轻人包括一些在校、刚毕业的学生涉罪，在办案中我们应当做到当严则严、当宽则宽、宽严相济，以此更加强化严的效果，更好发挥刑罚的综合效应。

如何做到宽以济严？关键就是要准确处理好依法从严惩治和落实少捕慎诉慎押刑事司法政策的关系，准确把握逮捕的社会危险性条件，综合考虑起诉的必要性，防止"构罪皆捕""构罪即诉"，确保社会效果良好。对于初犯、偶犯、未成年人、在校学生、老年人等，特别是其中被胁迫或蒙骗参与犯罪活动，违法所得、涉案数额较少且认罪认罚的，以教育、挽救为主，可以依法从宽处理。同时，对于涉案人数众多的犯罪集团、团伙案件，根据行为人在集团、团伙中的地位、作用、退赃退赔、认罪认罚等情况，依法分层分类处理，综合发挥行政处罚、信用惩戒、刑罚的规制效应，坚决防止一刀切、一律重。尤其是对于经应聘入职仅领取少量工作报酬、按照工作指令仅从事辅助性、事务性工作，参与时间较短、参与诈骗数额较少、发挥作用较小的人员，可以依法从轻、减轻处罚。如案例五中，公安机关以吴某强、吴某祥等117人涉嫌诈骗罪提请检察机关批准逮捕。检察机关经审查后，对吴某强、吴某祥等60人批准逮捕后又提起公诉，对参与时间短、情节轻微、主观无诈骗故意的57人不批准逮捕。同时，根据地位作用等因素，对提起公诉的60人分别提出有期徒刑二年至十四年不等的量刑建议，得到法院支持采纳，较好体现了宽严相济的政策导向。

五、依法能动履职，协同推动网络诉源治理

电信网络诈骗犯罪多发高发，其背后折射出网络治理、社会治理还有一些亟待改进完善的地方。《意见》突出强调，切实强化金融、电信、互联网等行业监管，强化源头治理，让电信网络诈骗无处生根。在与不断升级的电信网络诈骗犯罪斗争中，司法机关要做到"魔高一尺、道高一丈"，光靠"惩"、只有"惩"是不够的，关键还是在于"治"，做到"惩""治"结合，以"惩"促"治"。因此，在这批典型案例编写上，我们注重突出检察机关能动履职，推动网络诉源治理的有益实践。如案例三聚焦不良的"饭圈"文化，案例四聚焦网络游戏行业规范运营，案例七聚焦电信、劳务公司个人信息保护，案例八聚焦物流行业经营风险，案例十聚焦通信宽带业务推广和校园周边治安管理等，检察机关延伸法律监督职能，综合采用不同方式，会同有关部门共同推动源头治理，取得了良好的效果。

今年全国"两会"上，张军检察长在报告中指出，网络虚拟空间，依法治理要实。特别强调要加强网络诉源治理。如何将这项工作谋深做实？这就要求检察人员要有融入参与的能动自觉，主动延伸监督,加强案件反向审视,推动制度机制建设,为社会治理、网络监管发出"检察预警"、提供"检察方案"。要更加重视全面履行刑事、民事、行政和公益诉讼检察四大职能,尤其是要加强刑事检察和公益诉讼检察之间信息互通、资源共享、线索移送、人员协作和办案联动,形成工作合力。如案例六中,刑事检察部门在审查过程中发现,被告人利用工作便利,非法获取公民个人信息注册手机卡,侵犯了不特定公民的隐私权,损害了社会公共利益,将案件线索同步移送本院公益诉讼检察部门开展立案调查。不仅拓宽了案件线索来源,也加强了对个人信息的全面司法保护。要更加重视数据赋能,强化大数据思维,积极借鉴浙江等地数字化改革探索,推动建立数据互通共享,强化数据集成分析研判,实现由个案办理式监督向类案治理式监督转变,及时发现网络治理的"死角""盲点"。要更加重视企业合规建设,利用企业合规改革在全国全面开展的契机,结合网络黑灰产治理和数据信息安全保护的突出问题,督促涉案企业加强合规建设特别是数据信息合规,强化源头治理。如高检院指导培育的数据合规案例[①],检察机关通过制发检察建议书、开展专业第三方监督评估、召开不起诉公开听证等,督促涉案科技企业构建数据合规管理体系、提高风险识别应对能力、营造企业合规文化,同时以点带面,推动辖区内相关科技企业合规运营,实现协同共治的双赢多赢共赢的效果。要更加重视发挥典型案例指引作用,加强以案释法,警示犯罪分子迷途知返,教育广大公众提升防范意识,推动行业部门强化综合治理,共同营造清朗网络空间。

---

① 《四名全国人大代表"云上"围观数据合规案件听证会》,载微信公众号"上海普陀检察",2022年5月14日。

检察机关依法办理民营企业职务侵占犯罪典型案例

案例一 S 保险公司业务总监徐某乙、"保险黑产"犯罪团伙徐某甲、朱某某等 7 人职务侵占、侵犯公民个人信息案

【关键词】

职务侵占 "挂单" "保险黑产" 法律监督 刑事附带民事公益诉讼 诉源治理

【要旨】

保险公司员工内外勾结形成黑色产业链,以"挂单"形式骗取公司钱款,构成职务侵占罪。对于多区域多层级团伙犯罪案件,检察机关要综合运用立案监督、追捕追诉等方式,深挖彻查漏犯漏罪。对于在刑事案件中侵犯众多公民个人信息的违法行为人依法提起刑事附带民事公益诉讼。对于在办案中发现的社会治理问题,可以通过企业合规、检察建议、普法宣传等方式,有效推动行业治理,优化法治营商环境。

【基本案情】

中国S保险股份有限公司上海分公司（以下简称S公司）系上海保险行业龙头企业之一，徐某乙系S公司现代部业务总监，张某某、顾某某等9人系S公司现代部业务主任。

徐某甲、朱某某组织"保险黑产"犯罪团伙，2020年4月至6月，徐某甲与徐某乙合谋，由徐某乙指使张某某、顾某某等人收集并控制S公司新进保险业务员账号。徐某甲、朱某某利用从他人处购买的包含保单号、投保日期、保险险种、保单金额、客户姓名、身份证号码、家庭住址、电话号码等内容的1万余条保单信息，冒充S公司员工联系投保人，以"产品升级""原保单全额退保"等为名，诱骗投保人将原保单退保后购买新保单，将新保单"挂单"在新进保险业务员账号下，获取S公司支付给新进业务员的新人训练津贴、增员奖等额外奖励184.8万余元。同时，还查明刘某某、徐某丙等2个团伙（另案处理），以相同手段进行"保险黑产"犯罪活动，上述3个团伙共骗取S公司新进业务人员津贴800余万元。此外，"保险黑产"犯罪活动还造成S公司大量保单退保、投保人投诉，严重影响正常经营活动，直接涉及保单3000余张、保单金额达1000余万元，使部分投保人保单权益遭受侵害。

上海市静安区人民检察院于2021年6月至12月，以职务侵占罪、侵犯公民个人信息罪，分案对徐某甲、朱某某、刘某某、徐某丙等44名被告人提起公诉。同年9月至12月，上海市静安区人民法院先后对徐某甲、朱某某、徐某乙等被告人以职务侵占罪、侵犯公民个人信息罪判处拘役四个月至有期徒刑五年不等刑罚，并处相应罚金。其中，上海市静安区人民法院分别以职务侵占罪判处被告人徐某乙有期徒刑二年六个月，并处罚金人民币九万元；以职务侵占罪、侵犯公民个人信息罪判处被告人徐某甲有期徒刑五年,并处罚金人民币二十一万元,判处被告人朱某某有期徒刑四年四个月,并处罚金人民币二十万元。

【检察机关履职过程】

1. 引导侦查取证,准确定性案件。2020 年 8 月起,上海市公安局静安分局立案多起保险公司被骗新进保险代理人佣金的报案,涉案金额数百万元。案发后,上海市静安区人民检察院提前介入,围绕嫌疑人是否利用职务便利等关键事实,深入分析研判并准确认定:一是保单具有真实性;二是"保险黑产"犯罪团伙将保单"挂单"在新进保险业务员名下目的是骗取新人奖励,这一"挂单"行为本质上利用了保险公司工作人员的职务便利;三是通过"挂单"行为多获取的新人训练津贴、增员奖金额为职务侵占金额。同时,要求侦查机关针对涉案金额进行取证和审计,为案件顺利查办奠定扎实基础。

2. 加强案件审查,深挖漏犯漏案。针对案件人数多、层级多,以及犯罪呈现黑灰利益链、产业链的特点,对案件开展全面审查,梳理犯罪团伙人员架构,区分涉案人员层级作用,加大讯问力度,发现 S 公司业务总监徐某乙不仅与徐某甲共谋实施犯罪,还与其手下 9 名业务主任共同实施犯罪,遂对上述 9 人及时提出追捕、追诉意见,并全部追捕追诉到案。同时发现 S 公司另一个营业部也涉及"保险黑产"犯罪,涉案金额 300 余万元,遂对涉案的刘某某犯罪团伙监督立案,成案 5 件 25 人,其中 23 人已判决。

3. 提起公益诉讼,保护公民信息。上海市静安区人民检察院在办案中发现被告人涉嫌非法买卖保险投保人个人信息的行为,遂对该线索以民事公益诉讼立案审查,在进一步调取相关证据后,对 4 名相关人员侵犯公民个人信息案提起刑事附带民事公益诉讼。2021 年 6 月 15

日，法院判决相关被告人在国家级新闻媒体上公开赔礼道歉、永久删除存储在电脑中的公民个人信息、赔偿公共利益损失共计人民币32.5万余元。

4. 制发检察建议，推动行业治理。针对办案中发现的保险公司未严格审核保险销售人员身份、投保人信息未加密等问题，向该公司制发检察建议，督促企业切实整改、严格管理、合规经营。同时，就行业中暴露出的问题，向上海市保险同业公会制发检察建议，就投保人信息管控、业务账号使用管理、从业人员身份审核、投诉退保件处理等8个方面提出建议，均被采纳。此外，联合上海市保险同业公会、相关保险企业，精准对接行业实际需求，以线下培训交流、线上直播授课的形式开展系列普法讲座，为长三角地区的5万余名保险从业人员开展警示教育直播培训。

【典型意义】

1. 坚持办案与监督并重，在依法查处企业内外涉案人员的同时，提升监督质效。"坚持在办案中监督、在监督中办案"是新时代检察机关司法职能与法律监督职能融合发展的体现。检察机关在依法办案的同时，一要积极开展立案监督，在办案中及时发现和纠正应当立案而不立案的违法情形，提高线索发现处理能力。二要推进侦查活动监督，就新型重大、疑难、复杂案件介入侦查引导取证，与侦查机关会商研判，提高侦查取证活动有效性针对性。三要依法追诉漏犯，针对团伙犯罪案件开展分区分级精准化审查，厘清案情与人员组织架构，及时纠正遗漏起诉同案犯，全链条摧毁犯罪网络。

2. 刑事与公益诉讼业务实质性融合，依法提起刑事附带民事公益诉讼，严厉打击侵犯公民个人信息行为。一方面，检察机关要牢牢把握职责定位，推动"四大检察"全面协调发展，建立健全检察机关内部线索移送制度，完善办案协作机制。另一方面，检察机关作为公共利益的代表，可以对刑事案件中侵犯众多公民个人信息的违法行为人依法提起刑事附带民事公益诉讼，全面维护公民个人信息安全，加大公共利益司法保护力度，以求极致的标准提升检察工作质效。

3. 惩治犯罪与诉源治理结合，多措并举，更好发挥法治对行业健康发展的引领、规范、保障作用。检察机关要坚持在法治轨道上推进国家治理体系和治理能力现代化，依法能动履职，做深做实做细诉源治理，提升国家治理效能。结合办理的案件，要扎实开展调查研究，查找行业领域的薄弱环节和突出问题，及时向案发单位、有关部门提出加强管理、建章立制的建议，通过企业合规第三方机制考察评估、检察建议、普法宣传等手段，深入开展专项整治，达到办理一批案件、解决一类问题、治理一个行业的效果，实现更高层面、更高水平的源头治理。

案例二　Y电商企业运营人员雷某某职务侵占案

【关键词】

职务侵占　虚拟物品采购　引导取证　合规经营　电商平台反腐败

【要旨】

在办理涉电商企业职务侵占案件中，要结合互联网新经济模式特性，准确认定非法占有目的，厘清职务侵占与挪用资金犯罪的界限，严惩电商企业内部腐败。针对电商职务犯罪案件中虚拟物品电子数据取证难、查处难、易灭失等问题，检察机关要积极引导公安机关调查取证。针对案件暴露出的企业内部腐败问题，制发检察建议，推动企业建章立制、堵塞漏洞、合规经营，同时提出建议督促电商平台优化规则，完善反腐败机制制度，为电商企业与行业健康发展营造更加公平的法治环境、提供更加优质的法治保障。

【基本案情】

2019年12月至2020年3月，被告人雷某某担任经营墙布的浙江某公司（以下简称Y电商企业）品牌运营期间，利用帮公司线上推广品牌、采购直播设备、申请某电商平台店铺等职务便利，编造将钱款用于向公司抖音直播刷礼物、找就职于电商平台的朋友公关等事由，向公司申领备用金、公关费等共计人民币180295.05元并占为己有，用于个人挥霍。

2020年12月14日，浙江省绍兴市越城区人民检察院对被告人雷某某以职务侵占罪提起公诉。2020年12月25日，绍兴市越城区人民法院以职务侵占罪判处雷某某有期徒刑一年。

【检察机关履职过程】

1. 引导侦查，把准案件定性。公安机关以雷某某涉嫌挪用资金罪向检察机关提请批准逮捕。为查明案件事实，检察机关引导公安机关调查雷某某挪用钱款去向、个人经济情况、公司财务管理规定及向雷某某的催讨记录等，查明雷某某存在使用虚假收据报销的侵吞行为，挥霍购买奢侈品的钱款处置事实，自身及家庭无力偿还的经济状况，最终明确雷某某非法占有公司钱款的主观故意，将案件准确定性为职务侵占，依法保护企业财产。

2. 加强核实，查找管理漏洞。传统企业员工报销的财务管理制度一般是员工凭发票、销售单据经层层审批后报销，员工购买的物品、服务有发票单据可予证明，物品、服务在公司一定范围内公开可见。但电商企业中如充礼物、提热度等虚拟物品并非有形可见，企业若不跟进监督核实，不容易察觉，易造成经济损失。本案为核实雷某某是否将钱款用于为公司在某直播平台的账户刷礼物以提升热度，检察机关通过了解该直播平台刷礼物的操作方式，引导公安机关从雷某某手机中查找平台币的购买记录，从而证实其辩解的虚假性。

3. 主动作为，助力企业反腐。涉案电商企业申请在某电商平台开设旗舰店，其符合条件却未通过，转而寻求非正规渠道。雷某某谎称认识该电商平台工作人员可帮助企业公关，向公司申领公关费后供自己消费挥霍。案件审结后，检察机关向涉案企业制发检察建议，引导企业端正思想认识，杜绝"走偏门"的侥幸心理，促进企业合法合规经营。同时，针对电商平台店铺申请环节准入门槛不透明、信息告示不明晰、易造成廉洁风险等问题向电商平台提出建议，督促平台改善反腐败管理机制，从制度、技术等层面堵塞监管漏洞，加强平台反腐败信息公示，不断完善平台反腐败机制。

【典型意义】

1. 依法严惩企业内部腐败，有力维护电商企业合法权益。电商企业作为互联网新经济模式的重要推动者、参与者、引领者，为经济发展提供了新的动能。其商业活动多具有推广行为线上化、虚拟化、电子化特点，犯罪隐蔽性逐步增强，案件查办难度进一步增大。检察机关通过办理本案，从还款能力、钱款去向、有否作假行为等方面准确认定被告人非法占有的主观目的，厘清职务侵占罪与挪用资金罪的界限，精准把握案件罪名，促进法律正确适用，依法严惩电商企业内部腐败犯罪，维护企业合法权益。

2. 深挖彻查电子证据，积极引导电商职务犯罪取证。对电商企业员工在品牌推广中"刷礼物""买流量"等采购虚拟物品的行为，检察机关抓住"付款记录"这一关键电子数据证据，有效破解了电商职务犯罪中虚拟物品电子数据取证难、查处难、易灭失等问题，为企业监督虚拟物品采购、侦查机关提取电子数据提供指引。同时检察机关深入调查被告人经济状况、企业违规经营等情况，对认定被告人主观故意的证据予以补强，挖掘出电商企业存在的风险隐患，提升了办案的法律效果和社会效果。

3. 充分延伸检察职能，深入推进电商企业合规经营。及时排查发现电商企业案件背后的社会风险隐患，主动提出对策建议，促进在更大范围、更深层次解决影响行业发展的突出问题。一方面，对企业在经营过程中的违规行为，运用鲜活的案例加强警示教育，提升企业和员工法律意识，建立健全内部管理机制，助推诉源治理，防范企业内部刑事犯罪风险。另一方面，对容易引起大众误解的电商平台腐败问题提出建议，推动平台及时优化规则，着力提升平台与商家沟通成效，努力为电商企业与行业的健康发展营造更加公平的法治环境、提供更加优质的法治保障。

案例三　D科技公司营销中心总监张某某、经理罗某某职务侵占案

【关键词】

职务侵占　虚增交易环节　立案监督　追赃挽损　社会治理

【要旨】

检察机关在履行民营经济保护职能过程中，要主动"走出去"，通过搭建检企交流平台、开展立案监督为企业发展营造良好营商环境。面对虚增中间交易环节等新型疑难案件，通过退回补充侦查和自行补充侦查夯实证据体系。要坚持目标导向，多措并举追赃挽损，守护好民营企业的"钱袋子"，同时延伸检察职能，积极参与企业合规经营社会治理。

【基本案情】

2018年至2019年，被告人张某某先后担任广州D公司西南区域营销中心云南办事处高级经理和西南区域营销中心总监，被告人罗某某先后担任上述办事处经理和高级经理。其间，二人利用负责和主管"某交互智能平板产品及配件"（以下简称某产品）在云南区域的销售业务，指使该公司销售人员分别向广州公司及客户故意隐瞒可以直接进行交易的真相，虚构必须通过云南区域总经销才能进行交易的事实，以此虚增二人参股的昆明A公司、云南B公司作为总经销的中间交易环节；后二人再利用负责审核及审批某产品销售价格的职务便利，帮

助 A 公司、B 公司以较低价格从广州公司购入某产品，随后以较高价格转卖给客户，通过"低买高卖"赚取差价的方式侵占 D 公司的财产共计人民币 155 万余元，最终二人以 A 公司和 B 公司股东分红的名义从中获取个人利益。

2021 年 7 月 23 日，广东省广州市黄埔区人民检察院以职务侵占罪对二人提起公诉。2021 年 9 月 30 日，广东省广州市黄埔区人民法院以犯职务侵占罪，判处二被告人有期徒刑三年，适用缓刑，并处罚金的刑罚。

【检察机关履职过程】

1. 搭建平台掌握信息，依法监督立案。2016 年 9 月，黄埔区人民检察院与区工商联共同搭建"黄小明之非公经济法律服务平台"（黄小明系黄埔区人民检察院的昵称，寓意公开透明），该平台旨在为企业提供涉法涉诉需求反馈渠道及定制法律服务，企业可一键直通检察机关。2020 年初，广州 D 公司通过该平台向检察机关反映，该公司多次以云南办事处工作人员涉嫌职务侵占犯罪向公安机关报案，但公安机关以主要犯罪行为发生在外地，且证据不足为由未受理 D 公司报案，也未出具不立案文书。黄埔区人民检察院经查认定，被害单位广州公司位于黄埔区，而犯罪结果发生地的司法机关具有管辖权。随后，黄埔区检察院依法开展监督立案工作，从法律适用、证据采信等多方面进行释法说理，得到了公安机关认同和支持；同时对案件初查提出侦查取证建议，引导公安机关赴云南调取关键证据。2020 年 7 月 21 日，公安机关对该案立案侦查。

2. 开展自行补充侦查，提高办案质效。案件移送审查起诉后，二被告人拒不供述犯罪事实，与被害单位各执一词，双方说法均缺乏证据予以印证。由于本案犯罪行为地远在云南，且当时正值云南多地接连突发新冠肺炎疫情，导致迟迟调取不到重要证据，在案证据不能形成完整证据链。办案检察官果断开展自行补充侦查工作，前往云南等地询问证人，自行调取销售合同、微信聊天记录等关键证据，查明了二被告人利用职务便利，通过虚增中间交易环节，以二人暗中参股的A公司、B公司"低买高卖"方式从中截取广州D公司利益的犯罪事实。

3. 精准施策开展教育转化，促成退赔、取得谅解。一方面，围绕自行补充侦查的新证据讯问二被告人，并有针对性地出示证据，彻底驳斥无罪辩解，打消侥幸心理。另一方面，充分阐明认定职务侵占罪的理由、法律依据和认罪认罚、退赔与否将面临的不同量刑建议幅度，促使二人转变态度，自愿认罪认罚并退赃退赔，争取从宽量刑建议。随后，二被告人经与广州D公司协商，退还了认定的职务侵占金额及其他不当经营行为对公司造成的损失共计900余万元，补偿了公司的损失，取得了公司的谅解，检察机关也对二被告人提出了适用缓刑的量刑建议并被法院采纳。

4. 依法提出检察建议，促进企业合规经营。案件办理后，黄浦区人民检察院全面梳理检视广州D公司管理制度方面的不足，发现公司存在权限下放过于集中、内部核查跟踪不到位、监察机制运行不健全等内生问题。为此，检察机关向广州D公司发出检察建议，指明该公司存在问题，提出合理配置人员权限、完善内部监察机制的有效建议，督促公司积极整改，进一步建立健全合规管理体系，推动企业健康发展。广州D公司收到检察建议后积极整改落实，同时向检察机关赠送锦旗。

【典型意义】

1. 创新工作方式，搭建检企交流平台，积极开展立案监督为企业发展营造良好营商环境。涉企业经济犯罪案件，往往存在案情复杂、民刑交织、跨地域犯罪、企业掌握证据较薄弱等特点，为企业报案顺利启动立案程序带来一定障碍。检察机关为更好履行民营经济保护职责，可以通过与工商联紧密联系、共建检企交流平台等方式畅通企业向检察机关寻求法律帮助的渠道，更好倾听企业声音。在掌握企业权益受到侵犯的线索后，检察机关要积极向企业提供证据搜集指引，在必要时依法及时开展立案监督，确保刑事案件顺利从企业内部调查进入司法程序，使企业合法权益得到全方位保障。

2. 强化诉前主导，退回补充侦查和自行补充侦查并举破解办案难题，为新型疑难案件夯实证据体系。在办理作案手法新型隐蔽、犯罪嫌疑人拒不认罪等疑难复杂的职务侵占案件时，检察机关要强化引导公安机关调查取证的能力，把准案件定性、取证方向，开列切实可行的引导侦查提纲，必要时开展自行补充侦查补强关键证据。对虚增交易环节类型的职务侵占案件，要注重从被害单位查实行为人职权内容、与客户的正常交易模式、成交价格等证据，从涉案交易对象查实虚增交易环节后的异常交易模式、成交价格等证据，并锁定行为人在异常交易中发挥的作用、"低买高卖"价差利得的流向，综合认定职务侵占犯罪事实，精准认定犯罪数额。

3. 坚持目标导向，多措并举追赃挽损，守护好民营企业的"钱袋子"。检察机关在查办企业产权受到侵害的案件时，要将追赃挽损贯穿刑事诉讼全过程，充分利用刑事和解、认罪认罚从宽、羁押必要性审查等法律制度和手段，将退赃退赔情况作为追究犯罪嫌疑人刑事责任和提出量刑建议的重要依据，对积极退赃退赔的犯罪嫌疑人考虑变更强制措施、提出宽缓量刑建议,最大程度促使犯罪嫌疑人退赃退赔,挽回企业损失,维护企业合法权利,保障企业的经营发展。

4.延伸检察职能,精准制发检察建议,推进源头治理。优质的检察建议是诉源治理的宝藏。对于企业而言,既需要在权益被侵犯后得到及时救济,也迫切希望能预知风险、堵塞漏洞。因此,检察机关在依法惩治侵犯企业权益犯罪的同时,还要注重剖析案发成因,通过精准制发检察建议,指导、帮助涉案企业完善内部治理结构,增强刑事风险防控能力,从源头封堵职务侵占等侵犯企业利益行为的生存空间。

案例四　A商业银行下属支行主办会计王某某职务侵占、挪用资金案

【关键词】

职务侵占　挪用资金　业务系统漏洞　抗诉改判　追赃挽损　防范金融风险

【要旨】

该案系金融系统管理人员利用银行柜面业务系统(以下简称业务系统)漏洞侵占银行巨额资金的案件,检察机关厘清资金去向,结合套取资金数额、资金用途和偿还能力等客观行为,综合认定被告人具有非法占有目的,精准抗诉并成功改判。检察机关在夯实证据基础的同时注重为企业追赃挽损,结合案件特点和资金流向,联合公安机关、金融部门在第一时间找准追赃挽损的最佳路径,积极为企业挽回损失。积极延伸检察职能,主动参与社会综合治理,以案释法震慑金融领域

从业人员，制发检察建议助推金融行业防范化解金融风险，有效堵塞金融系统漏洞。

【基本案情】

2020年3月4日，被告人王某某调任贵州A商业银行下属支行主办会计，协助支行行长负责对银行柜员、柜面业务、资金调拨、内部操作风险等进行管理，权限高于一般柜员。工作期间，王某某发现该银行业务系统存在10万元以下个人无卡存款业务不需要经过审批即可办理的漏洞，为筹集网络赌博资金，于2020年4月15日至19日，利用该业务系统漏洞及主办会计的职务便利，在没有存入资金的情况下伪造现金存款凭证虚增聂某某等2人账户资金，再从聂某某等2人账户将资金转移，套取银行资金7笔共计59.34万元，其中49.99万元用于网络赌博。同月19日，王某某将款项全部归还。2020年6月23日至6月25日，被告人再次采用相同手段，利用吴某某等4人账户套取银行资金135笔共计1223.84万元，其中1203.79万余元用于网络赌博，20万余元用于个人消费。同年6月25日，王某某销毁现金存款客户联，将银行联带出单位藏匿家中。同年6月26日上午，王某某向其父亲王某讲明实情后驾车逃匿至贵阳家中，在明知其父亲向银行反映情况后，仍先后两次转账400万元至网络赌博平台。当日23时许，贵阳市白云区公安局在贵阳市将其抓获归案。案发后，王某某退赃58万余元。

2020年10月28日，贵州省思南县人民检察院以被告人王某某犯挪用资金罪、职务侵占罪提起公诉。同年11月26日，思南县人民法院作出一审判决，认为王某某的行为属于挪用单位资金从事非法活动，不具有非法占有的目的，不构成职务侵占罪，且具有自首情节，以挪用资金罪判处王某某有期徒刑七年。思南县人民检察院认为王某某对套取的 1223 万余元具有非法占有目的，一审法院改变定性为挪用资金不当，且认定自首系法律适用错误，导致量刑明显不当，据此提出抗诉。2021 年 3 月 25 日，铜仁市中级人民法院二审采纳检察机关抗诉意见，且认定王某某不构成自首，改判王某某犯职务侵占罪判处有期徒刑九年，犯挪用资金罪判处有期徒刑二年，数罪并罚决定执行有期徒刑十年。

【检察机关履职过程】

1. 区别明晰犯罪行为性质，在精准抗诉上下功夫，有效开展监督。思南县人民检察院以被告人王某某犯挪用资金罪、职务侵占罪依法提起公诉，思南县人民法院一审判决认定王某某采用同一作案方式将单位资金转出后用于网络赌博，是同一性质的行为，不具有非法占有资金不归还的主观故意，属于挪用单位资金从事非法活动，构成挪用资金罪，认为王某某不构成职务侵占罪，且认定其具有自首情节。思南县人民检察院提请铜仁市人民检察院进行抗前审查，一致认为王某某前后套取的资金方式、资金用途一致，但在资金数额、偿还能力、主观心态上并不相同。对于王某某"空存实转"套取的 59 万元，数额较小且已及时归还，故不具有非法占有的目的，仅能认定构成挪用资金罪。对于王某某"空存实转"套取且未归还的 1223 万余元，在短短 4 天内将巨额资金全部用于风险性极高的网络赌博非法活动，且销毁、隐匿相关业务凭证并事后逃匿，不具有偿还可能性，故可以认定其主观上具有非法占有故意，造成 1223 万余元无法归还。且王某某的行为不仅严重侵害了银行系统的资金安全，还会带来巨大金融风险，依法认定职务侵占罪符合罪责刑相适应原则，更能对其行为作出全面客观公正的评价。本案虽系王某某如实告知其父亲套取巨额资金而案发，但案发后潜逃贵阳，公安机关主动开展工作后将其抓获归案。王某某主观上不具有投案的主动性，不构成自首，仅可认定为坦白。思南县人民法院一审判决适用法律错误，导致量刑明显不当，思南县人民检察院据此提出抗诉，抗诉意见均获二审法院支持。

2. 精准把脉扣准关键节点，在协作配合上强力度，及时追赃挽损。检察机关介入侦查，重点引导公安机关逐条查清王某某套取142笔资金的去向，对用于套取资金的全部账户逐一进行核实，收集银行相关业务凭证及审批手续，核实相关人员是否涉嫌犯罪的证据。紧扣王某某被抓获前几个小时仍向赌博平台转账的细节，第一时间与思南县公安局进行座谈分析，认为追赃挽损具有一定的可行性，要求思南县公安局对网络赌博平台进行依法打击，迅速冻结赌博平台有关银行账户予以追赃挽损。公安机关随即成立打击网络赌博犯罪专班，通过资金查控平台冻结涉案账户37个、涉案款688.65万元。同时，王某某退赃58万余元。

3. 同频共振防范金融风险，在社会治理上谋实效，延伸检察职能。为加强金融系统自律监管，推动源头治理、行业共治，铜仁市县两级检察院组织金融系统工作人员观摩庭审开展警示教育。针对本案所暴露出的某银行存在柜面业务系统漏洞，资金监管风险防控机制不足，查库、卡把等内控制度形同虚设，重点岗位和人员管理不到位等金融风险监管问题，分别向涉案银行、铜仁市银保监局制发检察建议，相关金融机构及时整改完善内控机制，调低业务系统远程授权额度和个人无卡存款授权额度，建立个人累计现金存款授权和现金存款累计金额预警机制堵塞业务系统漏洞，建立分层级、分工种的合规组织架构，强化制度落实，加强重点岗位管理。铜仁市银保监会进行责任倒查，对涉案银行予以罚款，对负有责任的行长、分管副行长给予罚款及处分。

针对预防企业职务犯罪和防范金融风险的普遍性、典型性问题进行剖析，为铜仁市多家银行进行专题授课，为企业开展合规建设建言献策。

【典型意义】

1. 积极运用抗诉手段，有力维护金融安全。对金融机构内部人员利用职务便利侵占企业巨额资金，严重危害金融安全的犯罪，应结合行为手段、资金数额、资金用途、偿还能力等客观行为，综合判断行为人是否具有非法占有的主观故意，以准确区分挪用资金罪与职务侵占罪。对法院判决在适用法律、定罪量刑上均有错误，且判决结果对服务当地经济发展或者行业发展影响较大的案件，检察机关应当精准履行抗诉职责。通过检察监督，促进解决一个领域、一个地方、一个时期司法理念、政策、导向性问题，有效惩治犯罪与维护企业权益并重，警示金融从业人员合法合规执业，切实提升司法公信力。

2. 坚持应追尽追，最大限度降低企业损失。经济犯罪案件全面追赃挽损是化解社会矛盾的最佳方案之一，也是服务保障企业发展的重要途径。职务侵占案件中，有的行为人将套取的企业资金用于网络赌博，若错失最佳追赃时机则再无挽损可能性，检察机关要以高度的政治执行力和办案敏锐性，把追赃挽损放在与打击犯罪同等重要的位置，迅速与侦查机关、金融部门协作配合，有效形成内外合力，第一时间查清涉案资金流向，迅速冻结查封涉案账户，共同处置网络赌博平台资金，尽最大可能挽回企业资金。

3. 采取多种有效途径，防范化解金融风险。金融系统是经营管理货币和融通资金的职能部门，金融工作人员接触钱、账、有价单证、印章等重要物品范围广、机会多，具有行业特殊性，客观上具有利用职务作案的工作条件，一旦监管不力、内控机制失控，将造成无法估量的危害后果。检察机关应秉持防微杜渐、堵塞漏洞的原则，在办理金融领域职务侵占案件时，要注重结合案件特点，从案发原因着手，探查涉案企业及相关岗位是否存在经营管理问题或漏洞。联合行业主管部门、行业协会及专家，加强对金融领域暴露出的共性问题进行研判、预警、处置。并通过检察建议、观摩庭审、专题授课等方式，帮助企业构建和完善刑事风险防控机制，从而进一步提升金融机构防范风险的能力和水平。

案例五　M、N 全国连锁饮品企业运营经理常某某职务侵占案

【关键词】

职务侵占　"蚂蚁搬家"　电子数据筛选　追赃挽损　快消行业合规

【要旨】

"蚂蚁搬家"式职务侵占利用快消品行业消费频率高、使用时限短、消费群体广的特点，增加了取证和定性难度。检察机关通过介入侦查引导取证与自行补充侦查并行，完善证据链条，运用数字化分层思维制定电子数据筛选标准。以认罪认罚从宽制度为依托积极开展追赃挽损，同时，通过检察监督和普法回访，推动企业筑牢防火墙，合规有序发展。

【基本案情】

2018 年 11 月、2020 年 7 月，被告人常某某先后入职深圳 M 公司、

北京N公司（均为全国知名连锁饮品店所属民营企业），担任华北区运营经理并负责北京区域60余家门店的人事、财物管理。2019年5月至案发，被告人常某某利用其职务上的便利，指使其下属区域经理、门店经理在北京市西城区多家店铺于21时后的非高峰时间段以店铺结算系统故障为由要求客户将消费款项扫码支付至常某某的微信、支付宝账户，收到消费者店内消费款项261319.5元。2019年8月至案发，被告人常某某借用张某某、闫某等8人身份证、银行卡办理了5家"X茶"门店入职手续，并指使各店面店长用专用手机为上述不上班员工代打卡，虚报、冒领薪酬，上述8人将每月工资打到常某某指定账户，虚报、冒领薪酬共211651.36元。2020年8月至案发，常某某利用职务上的便利，将部门门店的奶盖机、打杯机等设备通过向公司报损的方式挪运到亲戚的F饮品店经营使用，设备经价格认证中心鉴定为人民币27923元。经司法会计鉴定，2019年5月至2020年10月期间常某某通过上述三种方式先后侵占公司财物价值共计人民币50万余元。

2021年5月29日，北京市西城区人民检察院以被告人常某某涉嫌职务侵占罪依法提起公诉。同年6月8日，北京市西城区人民法院作出一审判决，采纳检察院确定刑量刑建议，认定被告人常某某犯职务侵占罪，判处有期徒刑一年十个月。

【检察机关履职过程】

1.介入侦查与自行补充侦查并行，全面取证准确认定犯罪数额。本案常某某采取虚报、冒领薪酬，"公费私收"等方式侵占公司财物，属于典型的"蚂蚁搬家"式职务侵占案件。因饮品类连锁店属于快消品行业，具有单笔消费金额小、消费频次高、消费群体广等特点，涉案账户的单笔数额少、数据体量大、转账收入来源多等特点，导致犯罪数额的认定成为审查起诉的难点。西城区人民检察院引导侦查机关在交叉比对嫌犯供述与证人证言关键信息的基础上，确定了区分收款时间、区分收款频次、区分收款金额的司法会计审计原则，从几万条转账流水中筛选出与侵占行为疑似关联的上千条记录，检方主动向被害单位关键证人调研取证茶饮门店消费高低峰时间点与消费占比，确立了分层处理的原则，在充分考虑犯罪嫌疑人合理辩解的基础上，制定各方均认可的电子数据筛选标准，由此确定了本案的犯罪数额。

2. 依法适用认罪认罚从宽制度，取得追赃挽损实效。鉴于常某某不认可案发前与被害单位达成的赔偿协议中认定的侵占数额，检察机关通过调研确定了新司法审计计算标准，并委托价格鉴定中心对被侵占物料按被侵占时间客观估价，经过细致的逻辑论证与释法说理，犯罪嫌疑人最终自愿认罪认罚，并主动联系家属退赔。此外，办案过程中发现，常某某下属多名区域经理有"上行下效"挂空饷的行为，行为人虽非法获利，但金额尚未达到入刑标准，检察机关引导侦查机关主动联系涉事人员退赔。

3. 全面发挥检察监督职责，助快消企业堵漏建制。针对办案中发现的"×茶"品牌所隶属的企业在快速扩张连锁经营规模过程中暴露的薄弱环节，检察机关及时向该品牌所属企业制发检察建议，提出员工警示教育、考勤及物料监管、收银操作规范和店铺备付金使用等方面的整改方案。M、N公司收到检察建议后高度重视并认真研究落实，搭建全国门店销售低峰数据预警系统、设备异常数据响应系统，升级公司监控设置、考勤软件，优化《固定资产管理制度》《门店现金管理制度》，同步开展案件警示教育和员工法治教育，通过后期回访门店落实情况，实现犯罪预防与法律监督双管齐下，引导企业进一步完善刑事风险防控机制。

【典型意义】

1. 数字化办案引导侦查，为同类案件提供指引。本案中，检察机关联合被害企业风控和技术部搭建北京市涉案门店经营收入高低峰的大数据模型，实现企业、侦查机关、检察机关、犯罪嫌疑人四方数据共享。利用客观数据模型与主观供述证言相结合，制定四方均认可的数据分层化处理标准，通过对犯罪嫌疑人支付宝、微信收付款大数据筛选提高司法审计可行性和证明力，为开展犯罪嫌疑人认罪认罚工作打好根基。该案统筹运用数字化技术、数字化思维、数字化认知，为快消品行业的犯罪认定和预防提供了有益借鉴。

2. 延伸检察监督职能，精准保护快消企业产权。检察机关在查办企业产权受侵害案件时，坚持宽严相济刑事政策，将追赃挽损贯穿刑事诉讼全过程，充分运用认罪认罚从宽、刑事和解、羁押必要性审查等法律制度手段，将退赃退赔情节作为追究刑事责任和提出量刑建议的重要依据，对积极退赃退赔的犯罪嫌疑人提出宽缓量刑建议。同时能动履职，利用案件中发现的"违规不违法"追赃线索，最大程度促使犯罪嫌疑人和企业违规人员退赔，积极挽回企业损失，化解矛盾纠纷，切实提高民营企业获得感。

3. 调研与建议相结合，护航快消品企业合规发展。近年来，快消品行业作为民营经济的重要新生力量创造了巨大的产值，但同时本案也暴露出快消品行业快速扩张时管理滞后的短板。一些企业管理人员利用职务便利，在生产经营活动中进行"公款私用、公物私挪"的犯罪活动，严重影响企业可持续健康发展。办案检察机关通过"调研、监督、落实、普法"四步监督工作法，有针对性地发出检察建议，不仅帮助企业净化内部职场生态环境，更重要的是将无序生长的企业拉回合规发展的道路，实现办理一案、警示一片、教育一方的良好社会效果。

案例六　Z公司技术服务部门陶某及代理商等46人职务侵占案

【关键词】

职务侵占　虚假售后理赔　内外勾结　法律风险防范

【要旨】

对于企业员工与代理商内外勾结的职务侵占案件，检察机关要综合考虑多方证据，准确认定行为构成职务侵占罪还是非国家工作人员受贿罪。对于人数众多的涉企案件，要注重听取企业意见，分情节分区域分层级精准化审查处理。对情节较轻的犯罪嫌疑人以教育转化为主，依法审慎适用强制措施，主动开展羁押必要性审查，合理运用不起诉权，充分保障涉案企业的正常经营活动。同时，结合企业特点和区域特点，查找制度漏洞，引导企业有效防范化解法律风险。

【基本案情】

2015年7月至2017年7月期间，被告人陶某等14人在江苏Z公司技术服务科工作期间，伙同四川S公司等全国25家代理商的负责人江某某等32人，在Z公司品牌轮胎售后理赔过程中，内外勾结，由代理商使用废弃轮胎申请虚假理赔，陶某等技术服务科内部人员利用负责轮胎理赔判定等职务便利，进行虚假判定，将代理商不符合理赔条件的轮胎判定成符合Z公司"三包"理赔的情形，致使该公司做出理赔，造成该公司损失2400余万元，代理商取得理赔收益后将其中约

50%回流给陶某等人。陶某等14人参与职务侵占金额在148万元至2400余万元不等；代理商负责人江某某、林某某等32人参与职务侵占金额在9万元至322万元不等。

江苏省常熟市检察院于2018年6月至10月先后以职务侵占罪对陶某等14名Z公司内部人员和江某某等12名涉案金额巨大的代理商负责人提起公诉；同时，对林某某等20名情节较轻的负责人决定相对不起诉。常熟市人民法院于2018年9月至12月先后以被告人陶某等14人犯职务侵占罪判处二年九个月至五年不等的有期徒刑，并处相应没收财产；对被告人江某某等12人判处二年至三年不等的有期徒刑，并适用缓刑。

【检察机关履职过程】

1. 全面审查案件事实证据，确保案件准确定性。因案件中Z公司的代理商属于公司内部技术服务科工作人员的业务对象，客观上存在外部代理商转账给公司内部成员的情形，也有代理商辩解称陶某等人在虚假理赔过程中向代理商索要回扣，为此，检察机关对案件是构成非国家工作人员受贿罪还是职务侵占罪进行了充分论证，并引导公安机关补充了公司内部部门和员工职权分工、公司代理商和技术服务部门工作关系方面的证据。最终，结合犯意由谁提起、钱款的支付计算依据、钱款的来源等关键事实，认定套取理赔款的犯意最初是Z公司内部人员提起，每次混杂在正常理赔中的虚假理赔数量是由内部人员给定"指标"，转账给内部人员的钱款大部分在虚假理赔收益到账后支付，且以虚假理赔收益为计算依据。因此，本案行为性质系Z公司内部人员勾结代理商，利用职务便利，以虚假判定理赔的方式，共同侵占公司理赔款，代理商转账给公司内部成员的钱款系企业的财产，转账属于共犯之间的分赃行为，本案应整体定性为职务侵占罪。

2. 充分听取企业意见，审慎适用强制措施，进行分层处理。本案所涉及的 25 家代理商运营着 Z 公司全国 80% 的销售网络，如果对涉案代理商的负责人全部逮捕、起诉，可能会导致该企业销售网络瘫痪的严重后果，Z 公司多次请求司法机关从轻处理。在了解企业经营情况、充分听取企业意见的基础上，检察机关审慎适用强制措施，在确保无串供及影响侦查可能的前提下，除对 2 名涉案金额巨大、犯罪行为暂未全部查清的负责人暂行逮捕外，对其余 30 名代理商负责人均不批准逮捕，或建议公安机关直接取保候审；且在查明案情、明确定性后，主动进行羁押必要性审查，建议公安机关变更上述 2 名负责人的强制措施为取保候审。在审查起诉阶段，合理运用不起诉权，准确区分犯罪情节，按照宽严相济原则，对不同情节的犯罪嫌疑人进行分层处理，对 20 名情节较轻的负责人决定相对不起诉，对提起公诉的被告人也按犯罪情节分别建议适用缓刑或实刑。既稳定了外资企业投资信心，也保障了 Z 公司及涉案企业的正常经营活动。

3. 结合企业特点和区域特点，引导企业有效防范化解法律风险。在办案过程中，检察机关通过实地走访，了解到 Z 公司对长期存在的理赔"行业潜规则"缺乏有效惩戒措施、对员工和代理商内外勾结的行为缺乏有效监管、缺乏针对性培训导致部分员工法律意识淡薄等问题。为此，检察机关向 Z 公司发出检察建议，针对性地提出优化并公开理赔标准、完善内部监管制度、加强法治教育等建议，并对 Z 公司在全国各地的代理商进行了刑事犯罪风险与防范教育培训，得到 Z 公司充分认可。在此案的基础上，检察机关联合属地经济技术开发区在常熟市外资企业和民营企业密集地区共建常熟市非公企业法律风险防范教育基地，面向辖区的外资企业和民营企业进行法律风险防范教育。

【典型意义】

1. 根据事实证据充分论证，准确认定案件性质。检察机关在办理涉民营企业职务侵占案件时，要坚持"以事实为依据、以法律为准绳"原则，紧紧围绕犯罪构成要件收集、审查、认定证据。同时依法能动履职，主动担当作为，积极引导公安机关调查取证。本案中，针对不同主体的辩解，检察机关通过充分论证，引导公安机关调查取证，最终，结合犯意由谁提起、获取钱款的手段、钱款的来源等多个方面证据，认定应整体定性为职务侵占罪。

2. 对涉案人数众多的涉企犯罪案件，区别对待、分层处理。全面贯彻宽严相济刑事司法政策，审慎适用强制措施，主动开展羁押必要性审查，合理运用不起诉权，防止"一捕了之""一诉了之"。对于涉案企业相关人员，不唯"数额"论，而是综合考虑其在整个犯罪过程中的地位、作用、退赃、认罪悔罪等情节进行区别对待，既体现教育挽救的方针，也充分保障涉案企业的正常经营活动。

3. 综合运用检察建议、法治教育等方式，引导企业构建和完善刑事风险防控机制。检察机关在办理涉企案件中，除了查明事实、追诉犯罪外，还应注重结合案件特点，从发案原因着手，探查涉案企业存在的经营问题或管理漏洞。要加强与各级工商联协作，共同联合其他社会组织、行业协会和专家力量，研讨涉案民营企业暴露出的共性问题，研判预测刑事风险点。可以通过检察建议、开展犯罪预防法治教育、在企业密集地区建立法律风险防范教育基地等方式，帮助企业构建和完善刑事风险防控机制，促进企业合规发展。

检察机关依法办理民营企业
职务侵占犯罪典型案例情况通报

最高人民检察院第四检察厅负责人

民营经济是社会主义市场经济的重要组成部分，在稳增长、促创新、增就业、惠民生等服务党和国家中心工作中发挥着重要作用。职务侵占等内部贪腐问题困扰民营企业发展，严重影响企业合法权益。为深入贯彻习近平总书记关于服务保障民营经济发展的重要指示要求，认真落实《中共中央关于加强新时代检察机关法律监督工作的意见》，最高人民检察院选编了一批《检察机关依法办理民营企业职务侵占犯罪典型案例》，旨在从严打击民营企业腐败犯罪，进一步提升民营企业司法保护质效。

此次发布的 6 起典型案例分别是 S 保险公司业务总监徐某乙、"保险黑产"犯罪团伙徐某甲、朱某某等 7 人职务侵占、侵犯公民个人信息案，Y 电商企业运营人员雷某某职务侵占案，D 科技公司营销中心总监张某某、经理罗某某职务侵占案，A 商业银行下属支行主办会计王某某职务侵占、挪用资金案，M、N 全国连锁饮品企业运营经理常某某职务侵占案，Z 公司技术服务部门陶某及代理商等 46 人职务侵占案。该批典型案例的选编注重反映职务侵占案件犯罪特点，着眼民营企业腐败治理，进一步提炼检察履职工作经验和案例指导意义。

这批案例涉及银行保险、电商、电子产品、快消品、轮胎制造领域民营企业。案件主要呈现以下特点：一是行为人运用专业知识，利用相关业务程序、制度漏洞作案。如 Y 电商企业运营人员雷某某职务侵占案，雷某某利用虚拟物品采购报销监督制度漏洞骗取公司钱款。A 商业银行下属支行主办会计王某某职务侵占、挪用资金案，王某某基于银行主办会计的职务便利，利用银行柜面业务系统漏洞侵占银行巨额资金。二是虚增交易环节，以"低买高卖"赚取差价的方式侵占公司财产。如 D 科技公司营销中心总监张某某、经理罗某某职务侵占案，张某某、罗某某以虚增二人参股的公司为总经销的中间交易环节，利用职务便利侵占公司财产。三是采取虚报、冒领薪酬，"公费私收"方式侵占公司财物。如 M、N 全国连锁饮品企业运营经理常某某职务侵占案，属于典型的"蚂蚁搬家"式职务侵占行为。四是共同犯罪情况突出，作案群体层级分布广。发布的典型案例中有 3 起为共同犯罪。如 S 保险公司业务总监徐某乙、"保险黑产"犯罪团伙徐某甲、朱某某等 7 人职务侵占、侵犯公民个人信息案，保险公司员工内外勾结形成黑色产业链，犯罪团伙分区域分层级作案，以"挂单"形式骗取公司大量钱款。Z 公司技术服务部门陶某及代理商等 46 人职务侵占案，该案共同犯罪人员达 46 人，涉及该公司在全国 80% 的销售网络。

在办理职务侵占案件中，检察机关充分发挥检察职能，依法能动履职，多措并举，落细落实民营经济司法保护检察政策。如 A 商业银行下属支行主办会计王某某职务侵占、挪用资金案，检察机关提出抗诉，二审法院采纳抗诉意见，准确定性本案为职务侵占案件。S 保险公司业务总监徐某乙、"保险黑产"犯罪团伙徐某甲、朱某某等 7 人职务侵占、侵犯公民个人信息案，对于案件中侵犯众多公民个人信息的违法行为人依法提起刑事附带民事公益诉讼，保护公共利益。D 科技公司营销中心总监张某某、经理罗某某职务侵占案，检察机关加强诉源治理，向 D 公司制发检察建议，督促公司积极整改，进一步建立健全合规管理体系，推动企业健康发展。

下一步，检察机关将坚持依法惩处与平等保护相结合，正确把握宽严相济刑事政策，依法能动履职，不断提升办案质效。同时，坚持标本兼治，既抓末端治已病，又抓前端治未病，结合涉案企业合规工作，帮助企业构建内部反腐"防火墙"，有效防范法律风险。

行贿犯罪典型案例[*]

案例一　山东薛某某行贿、串通投标案

【关键词】

行贿　串通投标　数罪并罚　监检配合　社会治理

【要旨】

推进受贿行贿一起查,监察机关、检察机关应当切实履行职责,加强协作配合,加大对招标投标等重点领域行贿犯罪查处力度,服务保障优化营商环境。要准确适用法律,对以行贿犯罪手段开路进行串通投标犯罪的,应实行数罪并罚。对案件暴露出的普遍性、典型性问题,检察机关可以依法提出检察建议,促进专项整治,提高社会治理能力。

【基本案情】

被告人薛某某,男,1974年12月20日出生,汉族,住山东省青岛市市南区某某路××号。

2014年8月,山东省沂水县财政局对沂水县中小学信息化设备采购项目进行招标,被告人薛某某与四川虹某软件股份有限公司投标负责人刘某某(已判决),伙同沂水县财政局原副局长丁某某(已判决),

---

[*] 最高人民检察院2022年3月31日发布。

通过协调评审专家修改分数、与其他投标公司围标等方式串通投标，后四川虹某软件股份有限公司中标该项目，中标金额9000余万元，严重损害国家及其他投标人利益。同年年底，被告人薛某某为感谢丁某某在该项目招标投标中提供的帮助，给予丁某某人民币15万元。

（其他犯罪事实略）

2020年5月13日、18日，山东省沂水县公安局、县监察委员会分别将薛某某等人串通投标案、薛某某行贿案移送沂水县人民检察院审查起诉。沂水县人民检察院受理后并案审查，于6月12日向沂水县人民法院提起公诉。9月24日，沂水县人民法院以薛某某犯串通投标罪，判处有期徒刑二年，并处罚金人民币二十万元；以犯行贿罪，判处有期徒刑六个月，并处罚金人民币十万元，决定执行有期徒刑二年三个月，并处罚金人民币三十万元。后薛某某上诉，12月24日，临沂市中级人民法院裁定驳回上诉，维持原判。

【监察、检察履职情况】

1. 积极推进受贿行贿一起查，严厉打击招标投标领域行贿犯罪，维护公平公正的市场秩序。在项目招标投标环节弄虚作假甚至搞权钱交易，会给项目质量和安全带来重大隐患。沂水县监察委员会在就薛某某涉嫌行贿犯罪立案调查，征求沂水县人民检察院意见时，检察机关认为薛某某通过行贿方式谋取竞争优势，且其犯罪行为不仅严重影响项目建设质量，还破坏了招标投标领域的公平竞争环境；该案虽行贿数额不大，但涉及的教育系统信息化建设属于重点民生领域项目，是重点打击的行贿行为，应从严惩处。此后，沂水县监察委员会与县人民检察院就调查取证方向、证据标准进行了充分沟通。鉴于薛某某还存在串通投标行为，沂水县监察委员会在对其涉嫌行贿犯罪立案调查的同时，将其串通投标问题线索移送公安机关同步立案侦查。

2.厘清法律适用关系，准确把握罪数认定，做到罚当其罪。串通投标行为往往与行贿行为相伴而生、密不可分。沂水县人民检察院认为，虽然薛某某实施的串通投标与行贿之间存在关联，但系两种行为，侵犯了两类不同性质的法益。根据最高人民法院、最高人民检察院《关于办理行贿刑事案件具体应用法律若干问题的解释》第六条关于"行贿人谋取不正当利益的行为构成犯罪的，应当与行贿犯罪实行数罪并罚"的规定，薛某某实施的行贿犯罪应与串通投标犯罪数罪并罚。审判机关对上述意见予以采纳。

3.积极能动履职，加强诉源治理，提升社会治理效果。针对该案暴露出招标投标监督管理涉及部门多，职责定位不清，一定程度存在"都管、都不管"的问题，沂水县人民检察院积极延伸检察职能，认真研究部门"三定"规定，厘清职责权限，从严格投标单位资格审查、规范招标代理机构、加大从业人员违规惩戒力度等方面，分别向县财政局、市场监管局、教育体育局制发检察建议。上述单位对检察建议全部予以采纳并进行了全面整改。同时，根据沂水县人民检察院建议，沂水县有关部门联合开展了招标投标领域突出问题专项整治行动，对近年来招标投标工程项目进行全面梳理排查。截至2022年2月，发现并整改各类不规范问题26个，并对3名串通投标犯罪嫌疑人立案查处，有力净化了招标投标领域公平竞争环境。

【典型意义】

1.严厉打击重点领域行贿犯罪，服务保障优化营商环境。坚持受贿行贿一起查，对发生在涉及教育等重大民生项目招标投标领域，严重破坏营商环境和市场公平竞争规则的行贿犯罪，应予以严惩。监察机关、检察机关应加强协作配合，注重对重点领域行贿线索的分析研判，加强会商，凝聚共识。在打击行贿犯罪时，既要考虑行贿金额、次数及犯罪情节，又要充分考虑案件发生的领域和危害后果，依法准确对行贿人作出处理，推动构建公平竞争的市场秩序和亲清政商环境。

2. 加强对行贿犯罪法律适用问题研究，提高打击精准度。行贿犯罪往往与其他犯罪关联并存，监察调查、检察审查过程中，应当加强对行贿犯罪、关联犯罪的研究，结合刑法理论与法律规定，参考司法案例，围绕事实认定、法律适用和案件处理等进行充分论证，厘清罪与非罪、一罪与数罪的界限，调查收集证据，准确适用法律，依法提起公诉，确保对行贿犯罪及关联犯罪的精准打击。

3. 充分履行监检职能，积极参与社会治理。监察机关、检察机关应当对办案中发现的普遍性、典型性问题进行深入剖析，依法提出堵塞漏洞、健全制度、防控风险的建议，促使有关部门履行监管职责、完善监管机制、开展专项整治，全面加强整改，从源头上推进招标投标领域问题解决，达到"办理一案、治理一片"的良好效果，促进社会治理能力的提高，服务经济社会高质量发展大局。

【相关规定】

《中华人民共和国刑法》第二百二十三条、第三百八十九条第一款、第三百九十条

《中华人民共和国监察法》第四十五条

《关于办理行贿刑事案件具体应用法律若干问题的解释》第六条、第八条、第十二条、第十三条

《人民检察院检察建议工作规定》第三条、第四条、第五条、第十条、第十一条

案例二　浙江贵某贵金属有限公司、李某某单位行贿案

【关键词】

单位行贿　监检衔接　准确定性　一体化监督　生态修复

【要旨】

办理行贿案件要落实中央受贿行贿一起查的精神，准确把握单位犯罪和自然人犯罪的区别和联系，精准打击犯罪。要充分发挥监检职能，加强配合制约，深化融合监督，一体推进不敢腐、不能腐、不想腐，在案件办理、追赃挽损、生态修复等方面打好反腐败"组合拳"，实现办理行贿犯罪案件"三个效果"有机统一。

【基本案情】

被告单位浙江贵某贵金属有限公司（以下简称贵某公司），民营企业，单位所在地浙江省仙居县某某街道某某工业园区。

被告人李某某，男，1972年9月21日出生，汉族，贵某公司法定代表人。

2015年至2018年，时任浙江省台州市环保局工作人员林某某（另案处理）、仙居县环保局工作人员王某某（已判决）等有关国家工作人员接受贵某公司法定代表人李某某的请托，为贵某公司在办理《危险废物经营许可证》、生产经营、逃避环保执法检查等方面提供帮助。2015年底，李某某送给林某某一件黄金制品，价值人民币37940元，

林某某收受。2018年，李某某以人民币40万元的价格购买一辆二手大众辉腾牌汽车送给王某某，王某某收受；贵某公司将非法提炼金属铑所得的一半利润送给王某某，王某某先后收受人民币635万元，后将其中545万元出借给李某某用于资金周转。

（污染环境犯罪事实略）

2020年10月30日，浙江省仙居县人民检察院以被告单位贵某公司、被告人李某某等人犯污染环境罪向仙居县人民法院提起公诉。2021年3月26日，仙居县监察委员会以李某某涉嫌行贿犯罪立案调查，9月8日以贵某公司涉嫌单位行贿犯罪立案调查。9月14日，仙居县监察委员会以贵某公司、李某某涉嫌单位行贿罪向检察机关移送审查起诉，检察机关于10月19日补充起诉。10月30日，仙居县人民法院作出一审判决，以被告单位贵某公司犯污染环境罪，判处罚金人民币十五万元，犯单位行贿罪，判处罚金人民币八十万元，数罪并罚决定执行罚金人民币九十五万元；以被告人李某某犯污染环境罪，判处有期徒刑一年二个月，并处罚金人民币十万元，犯单位行贿罪，判处有期徒刑二年，并处罚金人民币三十万元，数罪并罚决定执行有期徒刑二年十个月，并处罚金人民币四十万元；对被告单位贵某公司的违法所得人民币一千八百五十万元，向被告单位贵某公司、被告人李某某予以追缴，上缴国库。一审判决后，贵某公司、李某某未上诉，判决已生效。

【监察、检察履职情况】

1. 深挖腐败线索，有效打击受贿行贿犯罪。被告单位贵某公司、被告人李某某等人涉嫌污染环境一案案发后，仙居县监察委员会坚决贯彻落实习近平生态文明思想，聚焦案件背后的责任链条，及时启动问责追责程序，围绕监管失职、利益输送开展调查，对 12 名有关责任人员予以严肃问责。其间，发现李某某行贿线索，依法对其开展立案调查，采取留置措施，并同步冻结、扣押涉案财物 250 万元，协调公安、环保部门查封扣押贵某公司库存产品，确保后续追赃挽损工作顺利进行，同时对发现存在受贿嫌疑的 4 名公职人员予以立案调查。仙居县监察委员会认为，本案发生在环保领域，被告单位贵某公司、被告人李某某以多种方式对数名国家工作人员渗透腐蚀，严重破坏职务廉洁性，危害群众利益，造成严重负面影响，应依法移送司法机关追究其刑事责任。

2. 充分运用监检会商机制，准确把握案件定性。2021 年 9 月 1 日，仙居县监察委员会就李某某涉嫌行贿罪、王某某涉嫌受贿罪同时书面商请检察机关提前介入。对本案系个人行贿还是单位行贿存在不同认识。监察机关和检察机关共同会商案件后，认为本案构成单位行贿罪。一是从案件事实看，李某某作为公司法定代表人，行贿出发点是为单位谋取不正当利益，使公司在办理危废许可证、经营生产、逃避环保执法检查等方面得到照顾，其行贿资金绝大多数来源于公司经营所得，应当认定其行贿体现的是单位意志，且最终受益对象系单位，对该行为认定为单位行贿更符合案件事实，更能体现罪责刑相适应原则。二是从办案效果看，以单位行贿罪认定，既有利于对贵某公司进行刑事惩处，保护各类市场主体公平竞争，优化法治化营商环境，又有利于促进涉案企业规范经营活动，保护民营经济持续健康发展，激发市场活力。监检达成共识后，检察机关向监察机关书面反馈提前介入审查意见，仙居县监察委员会依法对贵某公司进行补充立案调查，确保程序合法，保障被调查单位的权利义务。调查终结后，仙居县监察委员会以贵某公司、李某某涉嫌单位行贿罪移送审查起诉。

3. 一体化能动履职，推动生态修复。针对本案存在的履职不力、腐败问题，仙居县监察委员会发送监察建议书，要求环保部门履行全面从严治党主体责任，排查廉政风险点，倒查制度漏洞，加强系统内部监督，同步开展党风廉政警示教育活动，以案促廉，做实"后半篇文章"，助力政治生态修复。针对行贿犯罪关联的环境污染损害，仙居县人民检察院充分发挥刑事检察、公益诉讼检察合力，就贵某公司污染环境导致的生态损害及时跟进公益诉讼工作。经制发行政公益诉讼诉前检察建议，推动环保部门与贵某公司开展磋商并签订《浙江贵某贵金属有限公司环境污染案生态环境损害赔偿鉴定评估框架协议》。仙居县人民检察院积极督促贵某公司承担损害赔偿责任，促成该公司预缴生态修复金200万元，并持续跟进监督，推动开展生态损害修复。

4. 开展认罪认罚工作，贯彻宽严相济政策。鉴于贵某公司和李某某归案后自愿如实供述罪行，承认指控的犯罪事实，愿意接受处罚，并积极履行生态修复责任，确有悔罪表现，仙居县人民检察院在办理污染环境案和行贿案中均充分听取贵某公司、李某某及其辩护人的意见，并对案件定罪量刑及认罪认罚从宽制度进行释法说理。同时，通过讯问、走访等形式，理清贵金属、原料等扣押物品情况，积极推动退赃工作，促使贵某公司自愿以被扣押物品抵扣违法所得。最终，贵某公司和李某某自愿认罪认罚，在辩护律师见证下签署《认罪认罚具结书》，检察机关经征求监察机关意见，对贵某公司和李某某从轻提出确定刑量刑建议，被法院判决采纳。

【典型意义】

1. 坚决贯彻受贿行贿一起查，推动腐败问题标本兼治。监察机关和检察机关要深刻认识行贿违法犯罪的政治危害，转变工作理念，加强工作协作，打出反腐败"组合拳"，加强查办贿赂犯罪，一体推进受贿行贿的查处。要加大环保等重点领域行贿受贿犯罪打击力度，斩断腐败问题利益链，破除权钱交易网，彰显对行贿零容忍的坚定决心，在全社会倡导廉洁守法理念，构建亲清政商关系。

2.准确区分犯罪主体，贯彻宽严相济刑事政策，依法惩治单位行贿。办理涉及公司企业的行贿犯罪案件，监察机关、检察机关应加强配合制约，注意全面调查审查案件事实，充分收集运用证据，甄别判断涉案公司企业与行贿犯罪的联系，准确认定是单位行贿犯罪还是个人行贿犯罪。被告单位和被告人认罪认罚的，要依法贯彻宽严相济刑事政策，增强行贿犯罪案件办理的示范性，助力营造健康经济生态，提高行贿犯罪案件办理质效。

3.强化一体化监督，积极推进挽损工作，增强办理行贿犯罪案件效果。监察机关、检察机关在办理贿赂案件过程中，应积极落实受贿行贿一起查部署，加大追赃挽损力度。对行贿人因行贿获得的不正当利益，最大限度追缴，不让行贿人因行贿获利，遏制犯罪利益驱动。同时，加大行贿犯罪损害修复，尽可能降低、减少行贿犯罪的危害后果。对于生态环保等重要领域的行贿犯罪，检察机关应坚持零容忍态度，严格依法办案，整合刑事检察、公益诉讼检察等力量，在办理行贿犯罪案件的同时，配套公益诉讼检察措施，有效跟进生态环境修复和保护工作，达到政治生态治理和生态环境修复"双推动"办案效果，实现办理行贿罪案件"三个效果"的有机统一。

【相关规定】

《中华人民共和国刑法》第三百三十八条、第三百四十六条、第三百九十三条

《中华人民共和国刑事诉讼法》第十五条、第一百七十六条

《中华人民共和国监察法》第四十五条、第四十六条

案例三　江西王某某行贿案

【关键词】

监检协作配合　零口供　证据体系　追赃挽损

【要旨】

监察机关与检察机关要加强协作配合，统筹推进行贿受贿犯罪案件查处。准确认定行贿人谋取的不正当利益数额，发挥能动检察职能，与监察机关协作配合开展追赃挽损工作。对于"零口供"行贿犯罪嫌疑人，监察机关调查时要注重收集证人证言、书证、物证、视听资料和电子证据等，夯实证据基础，检察机关要充分运用各种证据，形成完善的指控证据体系，依法追究刑事责任。

【基本案情】

被告人王某某，男，1962年10月出生，汉族，河北丰宁金某钼业有限公司（以下简称金某钼业）法定代表人、股东。

2007年8月，为金某钼业能被江西稀有金属某某集团公司（以下简称江某公司）高价收购，王某某向江某公司总经理钟某某（已判决）请托，并承诺给予好处费。后钟某某违规决定江某公司以人民币2.6亿元的高价收购金某钼业50%的股份。王某某为感谢钟某某，9月6日，王某某安排妻子闫某某向钟某某指定的妻弟罗某的银行账户转账500

万元。经鉴定，王某某通过行贿非法获利共计2.15亿元。

2021年2月4日，江西省金溪县监察委员会将案件移送金溪县人民检察院起诉。3月19日，金溪县人民检察院以王某某涉嫌行贿罪向金溪县人民法院提起公诉。11月16日，金溪县人民法院以王某某犯行贿罪，判处有期徒刑十年六个月，追缴王某某违法所得2.15亿元，返还被害单位江某公司。王某某不服，提出上诉，同年12月14日，抚州市中级人民法院裁定驳回上诉，维持原判。

【监察、检察履职情况】

1. 加强协作配合，统筹推进行贿受贿犯罪案件查处。江西省监察委员会在查办江某公司原总经理钟某某受贿案过程中，发现王某某涉嫌行贿犯罪数额巨大、性质恶劣、后果严重，必须严肃查处。2020年10月，应江西省监察委员会商请，江西省人民检察院派员提前介入钟某某受贿一案，经监检研商，一致认为王某某为谋取不正当利益，向钟某某行贿500万元，情节特别严重，给国家利益造成特别重大损失，其行为涉嫌行贿犯罪，应当依法追究其刑事责任。鉴于王某某一直未交代其涉嫌行贿犯罪事实，监察机关与检察机关加强配合，进一步分析钟某某受贿案案情，对钟某某收受王某某500万元犯罪事实提出了补充完善证据的意见。在此基础上，江西省监察委员会召集案件论证会，统筹王某某行贿、钟某某受贿案件办理进度，协调证据收集、调取工作，形成了依法处理的共识。同年12月31日，经江西省、抚州市监察机关逐级指定管辖，金溪县监察委员会对王某某涉嫌行贿一案立案调查。

2. 注重调查、运用书证和证人证言，严密证据体系，依法惩治"零口供"行贿犯罪。王某某不供认行贿犯罪，监察机关注重收集、调取构建王某某涉嫌行贿犯罪链条的各种证据。行贿证据有：王某某的妻子闫某某的证言，证明了行贿款来源以及根据王某某指使通过银行汇款转账过程，企业账目、闫某某汇款转账的银行流水等书证能佐证。钟某某妻弟罗某证言，证明他按照钟某某指使通过自己银行账户接受闫某某汇款并告诉姐夫钟某某、姐姐罗某的事实，罗某银行账户流水等书证能佐证。罗某证言还证明按照钟某某指使动用一部分贿金帮助钟某某和罗某夫妇购买股票理财的事实，股票投资过程的有关书证也进一步印证。罗某证言都能印证事实。谋取不正当利益证据有：江某公司收购金某钼业股权转让协议、会议记录，江某公司参与决策、收购的有关证人证言等证据。钟某某受贿案的一审生效判决书等证据与钟某某的有罪供述，与上述两方面证据均相互印证。检察机关经审查并充分运用证据，认为本案虽为"零口供"，但在案证人证言、企业账目、银行流水、股票、生效判决书等书证，足以形成完整的证据链条，证实王某某为谋取不正当利益，向钟某某行贿500万元的事实，证据达到确实、充分的证明标准，可以依法提起公诉。

3. 监察机关与检察机关加强协作，依法追赃挽损。监察机关经与检察机关沟通协商，一致认为应当依法追缴王某某通过行贿犯罪获取的不正当利益。在金溪县监察委员会的协调下，金溪县人民检察院配合成立追赃小组，先后奔赴河北、北京、辽宁等地，依法扣押查封涉案汽车7辆、不动产13间（栋）、现金420万余元、股权3000万余元，合计价值7000万余元，最大程度地挽回国有资产的损失。监察机关、检察机关会商认为，应对王某某转让给江某公司的股份实际价值进行司法鉴定。经依法鉴定，根据江某公司收购金某钼业价格2.6亿元减去收购时金某钼业总资产价值、涉案钼矿采矿权评估价值，计算认定王某某通过行贿违法所得2.15亿元。检察机关建议审判机关依法裁判该违法所得返还江某公司，法院予以采纳。

【典型意义】

1. 贯彻落实受贿行贿一起查，对侵吞巨额国有资产的行贿犯罪零容忍。监察机关、检察机关在办理国企领域贿赂或者关联案件过程中，应当密切协作配合，在监察机关统筹下推进行贿受贿案件的查处。通过依法惩治发生在国企领域的行贿受贿犯罪，斩断内外勾结侵吞国有资产的"黑手"，切实维护国有企业合法权益，维护国有资产安全。

2. 对"零口供"的行贿犯罪案件，应多层次调取收集各类证据，综合运用证据规则，构建完整证据体系，严厉惩治行贿犯罪。实践中，为逃避法律追究，行贿受贿双方拒不供认犯罪事实的情况时有发生。对于"零口供"的行贿案件，应根据证据标准，注重运用受贿人有罪供述、特定关系人或者经手贿赂款的证人证言，特别是转账的书证等证据，证明行贿受贿犯罪事实，形成完整的证据链条。案件经审查达到事实清楚，证据确实、充分的程度，依法提起公诉，追究行贿人刑事责任。

3. 准确认定行贿犯罪违法所得，主动协作配合追赃挽损。检察机关在办理行贿案件过程中应积极履行追赃挽损职责，准确认定行贿犯罪违法所得数额，与监察机关加强协作，依法查封、扣押、冻结行贿人涉案资产，配合监察机关查明行贿人违法所得相关证据，为人民法院准确认定行贿犯罪违法所得，判决追缴行贿人违法所得、返还被害单位提供重要支撑。

【相关规定】

《中华人民共和国刑法》第六十四条、第三百八十九条、第

三百九十条

《中华人民共和国刑事诉讼法》第一百七十六条

《中华人民共和国监察法》第四十五条

案例四　河南高某某行贿案

【关键词】

医药领域　多次行贿　巨额行贿　认罪认罚　财产刑

【要旨】

监察机关与检察机关要加强衔接配合，对医疗药品等重点领域多次行贿、巨额行贿违法犯罪行为，依法惩处，形成联合惩戒行贿犯罪的工作合力。要贯彻宽严相济刑事政策，准确认定从宽情节，积极适用认罪认罚从宽制度办理。要注重综合运用多种措施及适用刑罚，从提高违法犯罪经济成本上进一步遏制行贿犯罪，提高打击行贿的精准性、有效性。

【基本案情】

被告人高某某，男，1974年10月24日出生，汉族，河南双某药业有限公司业务员，负责河南南阳、平顶山地区"大输液"销售业务。

2013年10月至2019年4月，被告人高某某通过南阳市济某医药有限公司（以下简称济某公司）向南阳市方城县某某医院配送其任职公司生产的"大输液"产品。为长期在该医院销售"大输液"产品并增加销量，谋取不正当竞争优势，根据时任该医院院长化某（已判决）

的要求，以交付"大输液"利润的方式向化某行贿，先后43次给予化某共计615.9万元；为得到时任该医院药品科科长张某某（已判决）的帮助，先后13次给予张某某人民币共计6万元。

2019年7月15日，河南省南召县监察委员会对高某某涉嫌严重违法问题立案调查，8月22日对高某某以涉嫌行贿罪移送南召县人民检察院审查起诉，10月8日南召县人民检察院对高某某以涉嫌行贿罪向南召县人民法院提起公诉，12月16日南召县人民法院以行贿罪判处高某某有期徒刑五年，并处罚金人民币二十万元。一审判决后，被告人高某某未上诉，判决已生效。

【监察、检察履职情况】

1. 强化衔接配合，依法依规严肃查处医疗药品领域行贿犯罪。监察机关调查中发现，高某某为在行业竞争中获取优势，采用不正当竞争手段排挤其他医药企业，56次向医疗药品领域国家工作人员行贿。南召县监察委员会商请检察机关提前介入，双方就该案的事实、证据等进行了面对面沟通交流，一致认为本案行贿数额特别巨大、情节特别严重，对当地政治生态、法治环境、营商环境等均造成严重破坏，应依法予以严惩。监检双方就案件补充查证，特别是针对本案时间跨度长、行贿次数多的特点，应继续调取有关书证予以佐证形成了共识。南召县监察委员会及时安排专人负责，补充调取了高某某通过济某公司向方城县某某医院配送"大输液"的具体品种、数量清单、双方的结算凭证，以及高某某56次在济某公司领款共计2929.8万元的有关证据，充分印证了高某某在每次医院结算输液款后向化某行贿的时间、金额等，为案件的准确定性奠定了坚实基础。

2. 坚持同向发力，严格落实宽严相济刑事政策。本案行贿数额达

621.9万元，属于行贿罪"情节特别严重"的情形，在办案过程中，高某某存在思想顾虑，甚至一度态度消极。南召县监察委员会一方面阐明监察机关查办医疗行业腐败案件的决心，另一方面讲清法律政策，充分告知如实说明情况可以从轻处理的有关规定。最终，高某某放下包袱，敞开心扉，对自己行贿犯罪的具体手段、数额等始终稳定供述。在审查起诉过程中，南召县人民检察院发现，高某某于2019年4月因涉嫌其他犯罪被公安机关指定居所监视居住，在此期间主动交代了向化某、张某某行贿的犯罪事实，应依法认定为自首，可以从轻或者减轻处罚。经与监察机关沟通后，检察机关综合考虑高某某行贿的数额、次数、主观恶性、后果等因素，建议依法对其减轻处罚。同时，检察机关积极开展认罪认罚工作，多次对高某某进行释法说理，充分说明本案的事实、情节及量刑依据，高某某表示认罪认罚，在律师的见证下签署了《认罪认罚具结书》。在庭审中，高某某当庭认罪悔罪，表示服判不上诉。

3. 注重综合治理，通过加大财产刑运用等措施增强办案效果。南召县监察委员会与县人民检察院在从严查处重点领域行贿犯罪基础上，就综合运用刑罚措施、做好案件综合治理交换了意见、凝聚了共识。案件移送审查起诉后，检察机关经充分考虑本案行贿数额、本人获利情况及认罪认罚等情节，依法对被告人提出判处五年至六年有期徒刑，并处罚金二十万元至三十万元的量刑建议，南召县人民法院采纳。南召县人民检察院积极督促被告人高某某主动缴纳罚金，有力推动了财产刑的执行，增强了法律权威和刑罚执行力度。

【典型意义】

1. 从严查办涉及民生的重点领域行贿犯罪，切实增强人民群众的获得感幸福感安全感。办理行贿案件时要突出重点，对医疗药品等民生领域的巨额行贿、多次行贿，进一步加大打击力度。特别是针对行贿人为谋取不正当利益，对重点领域国家工作人员竭力腐蚀，严重扰乱市场经济秩序，严重影响人民群众的获得感幸福感安全感的行贿犯罪，要依法从严予以打击，切实推动有关行业顽瘴痼疾的整改，全面落实以人民为中心的发展理念。

2. 全面考虑行贿犯罪事实、情节，严格落实宽严相济刑事政策。在依法追究行贿犯罪时，检察机关要在全面审查案件事实的基础上，主动及时与监察机关做好衔接，对证据的收集达成一致意见，完善证据体系，切实提高依法打击行贿犯罪的精准性、有效性。既应突出依法从严打击的工作导向，也要注意结合案件事实、证据情况，依法准确认定各种从轻、减轻处罚情节，积极适用认罪认罚从宽制度，实现贿赂犯罪查处的惩治与预防效果。

3. 要注重对行贿犯罪的综合治理，切实增强办案效果。行贿人不择手段"围猎"党员干部的根本原因在于谋取不正当利益。在行贿犯罪案件办理中必须注重综合治理，在依法维护被告人合法权益的基础上，高度重视依法适用财产刑，有针对性地提高行贿人的违法犯罪成本，遏制行贿利益驱动，从根本上预防行贿，最大化实现办案政治效果、社会效果和法律效果的有机统一。

【相关规定】

《中华人民共和国刑法》第五十二条、第五十三条、第六十七条、第三百八十九条、第三百九十条

《中华人民共和国刑事诉讼法》第十五条

《中华人民共和国监察法》第四十五条

《最高人民法院、最高人民检察院关于办理贪污贿赂刑事案件适用法律若干问题的解释》第九条

案例五　四川刘某富行贿、非法采矿案

【关键词】

移送问题线索　重点领域行贿　同步查处　并案审查起诉　追赃挽损

【要旨】

检察机关在办理公安机关移送案件的过程中，发现行为人可能涉嫌监察机关管辖的职务犯罪的，应当依照规定将线索移送监察机关。监察机关为主调查互涉案件时，应当统筹协调调查、侦查、审查起诉进度，并就事实认定、法律适用等重要事项进行充分论证，确保关联的受贿行贿案件均衡适用法律。检察机关对监察机关、公安机关分别移送起诉的互涉案件，可以依职权并案处理。在办案中应当注重追赃挽损，依法处理行贿犯罪违法所得及有关不正当利益，不让行贿人从中获利。

【基本案情】

被告人刘某富，男，1968年2月4日出生，汉族，四川省某某市市政建设工程有限公司施工班组长。

1.行贿罪。2010年至2018年，刘某东历任某某市市政建设工程有限公司（以下简称市政公司）副经理、经理、董事长兼总经理。

2012年，刘某富经刘某东安排，进入市政公司担任施工班组长。2013年至2018年，刘某东帮助刘某富承接了某某市某某新区健康路、南外环路一期等多个道路建设重大项目。其间，刘某富多次直接或者通过他人给予刘某东（已判决）人民币共计265万元。

2. 非法采矿罪。2017年4月至5月，刘某富在对某某市某某区南外环路一期道路工程施工过程中，在没有采矿许可证的情况下，超越限定范围，在某某区某某镇前进村康泰路非法采挖连砂石共计25340方。四川省国土资源厅依法认定刘某富非法采矿造成矿产资源破坏价值共计96.292万元。

2018年4月11日，刘某富因涉嫌非法采矿罪，被四川省雅安市公安局采取监视居住强制措施。雅安市雨城区人民检察院在提前介入侦查过程中，发现刘某富涉嫌行贿、刘某东涉嫌受贿犯罪问题线索，经与雅安市公安局沟通，将问题线索移送雅安市监察委员会。7月16日，雅安市监察委员会以涉嫌行贿罪对刘某富采取留置措施，10月11日向雅安市人民检察院移送起诉。次日，雅安市人民检察院决定将案件交由雅安市雨城区人民检察院办理。10月17日，雅安市公安局雨城分局以刘某富涉嫌非法采矿罪向雅安市雨城区人民检察院移送起诉。2019年2月11日，雅安市雨城区人民检察院以刘某富涉嫌行贿罪、非法采矿罪提起公诉。4月23日，雅安市雨城区人民法院作出一审判决，以行贿罪判处刘某富有期徒刑四年，并处罚金三十万元，以非法采矿罪判处刘某富有期徒刑一年六个月，并处罚金五万元，数罪并罚决定执行有期徒刑五年，并处罚金三十五万元。一审判决后，被告人刘某富未上诉，判决已生效。

【监察、检察履职情况】

1. 检察机关提前介入侦查，发现行贿问题线索，建议公安机关依法移交监察机关处理。雅安市公安机关在对刘某富非法采矿犯罪侦查过程中，检察机关应商请提前介入，通过审查证据材料、会同侦查人员赴现场勘查、联席会议讨论等方式，发现刘某富在没有建设工程资质的情况下，违规担任市政公司施工班组长，借用他人资质承接大量市政公司建设项目。同时刘某富工程建设账目支出情况不清楚，其中可能存在职务违法犯罪问题，检察机关向公安机关提出及时将问题线索移交监察机关处理的建议，推动公安侦查和监察调查有机衔接。

2. 监察机关充分履行组织协调职责，有效提升互涉案件办理质效。2018年7月6日，雅安市公安局将刘某富涉嫌行贿、刘某东涉嫌受贿问题线索移交雅安市监察委员会。雅安市监察委员会立即分别成立行贿、受贿案件专案组并开展初步核实，组织检察、公安等相关单位召开案件会商联席会，梳理互涉案件交织点、取证共通点、办理难点，精准确定调查、侦查方向，统筹推进互涉案件证据收集、调取工作。监察机关在对刘某东受贿案立案后，于7月16日对正被公安机关监视居住的刘某富采取留置措施。监察机关在对行贿、受贿一起查办的同时，也积极为公安机关办理的非法采矿犯罪固定有关证据，做到程序衔接流畅、实体配合高效。

3. 监察机关统筹做好互涉案件移送审查起诉工作，检察机关依法并案审查起诉。鉴于刘某富涉嫌行贿罪、非法采矿罪由监察机关、公安机关分别查办，检察机关在提前介入过程中，及时了解掌握互涉案件办理情况，沟通协商移送起诉工作进度，确保互涉案件同步移送，程序衔接畅通。监察机关在移送审查起诉前，再次邀请检察机关、公安机关进行诉前会商，强化行贿、受贿犯罪的证据材料梳理，为做好职务犯罪调查管辖和其他关联犯罪属地管辖衔接配合，明确以非法采矿案属地管辖为主确定案件管辖，将职务犯罪商请指定管辖并案处理。2018年10月11日、17日，监察机关、公安机关先后向检察机关移送审查起诉，检察机关在分别受理后，为确保互涉案件统一处理，决定并案审查起诉，依法以行贿罪、非法采矿罪向法院提起公诉。

4. 监察机关、检察机关联动配合，及时查明行为人违法所得及获取的不正当利益情况，依法追赃挽损。检察机关审查发现，刘某富通过行贿承接了雅安市19个重要交通道路工程，涉及该市重点打造的川西综合交通枢纽，获取了巨额利益，又在工程建设中通过非法采矿获取更大的非法收益，应依法严惩。为依法追赃挽损，监检机关配合做好以下工作：一是检察机关要求公安机关补充鉴定，查明刘某富非法开采矿产资源价值共计96.292万元。二是监察机关在受贿行贿一起调查的过程中，查明刘某富通过虚增连砂石用量等方式，在刘某东的帮助下，从市政公司处非法获利1256万余元。三是监察机关、检察机关、公安机关加大协作力度，促使刘某富主动退缴859万元。四是协调公安机关依法处理案件涉及的其他非法所得。在法院判决追缴非法采矿违法所得96.292万元以后，监察机关、检察机关及时与公安机关沟通，对于案件中涉及的其他非法所得，书面建议公安机关依法予以处理。公安机关协调有关部门依法予以收缴。

【典型意义】

1. 检察机关在办案中发现行贿受贿等职务犯罪问题线索，应当依照规定移送监察机关。检察机关在案件办理和履行法律监督职能过程中，发现行为人可能涉嫌监察机关管辖的职务犯罪的，应当依法严格落实线索移送、职能管辖等规定，向监察机关移送问题线索，或建议有关部门向监察机关移送线索，形成惩治腐败工作合力。对于在提前介入侦查工作中发现行贿犯罪线索的，引导公安机关及时固定证据线索，共同做好线索移送工作。特别是针对在国家重要工作、重点工程、重大项目中的行贿犯罪，应当建议依法严肃查处，精准推进受贿行贿一起查。

2. 监察机关办理互涉案件承担为主调查职责的，要统筹组织协调调查、侦查工作，形成反腐败合力。为主调查的监察机关承担组织协调职责，统筹调查和侦查工作进度、协调调查留置措施和刑事强制措施的衔接适用、协商重要调查和侦查措施使用等重要事项。办理互涉案件的公安机关、检察机关，要主动及时向监察机关通报相关案件的办理情况，以便监察机关能够及时全面掌握互涉案件办理情况。相关办案单位应注重形成合力，全面准确认定犯罪事实和涉嫌罪名，确保互涉案件在办案程序、事实认定和法律适用等各方面做到统一均衡。

3. 检察机关对监察机关、公安机关分别移送起诉的互涉案件，可以依职权并案处理，注意做好补查的衔接工作。检察机关应当加强与监察机关、公安机关沟通，协调互涉案件的移送起诉进度，符合并案条件的，在分别受理审查起诉后及时并案处理。需要退回补充调查、退回补充侦查的，检察机关应同时将案件分别退回监察机关、公安机关，并统筹做好程序衔接。符合自行补查条件的，经与监察机关沟通一致，检察机关可以开展自行补充侦查，完善证据体系。

4. 多措并举，依法处理行贿违法所得及有关不正当利益，不让犯罪分子从中获利。加大追赃挽损力度，对行贿犯罪违法所得以及与行贿犯罪有关的不正当利益，应当通过监察执法、刑事处罚、行政处罚等多种方式依法综合运用予以处理，确保任何人不能从行贿等违法犯罪活动中获取非法利益，最大程度为国家挽回损失。

【相关规定】

《中华人民共和国刑法》第六十四条、第六十七条第一款、第六十九条第一款、第三百四十三条第一款、第三百八十九条第一款、第三百九十条

《中华人民共和国刑事诉讼法》第二百四十五条

《中华人民共和国监察法》第四十五条

实务研究

Shiwu Yanjiu

实务研究

检察机关反恐维稳法治化常态化的实现路径

许永强　王宏平 *

恐怖活动是人类的公敌，具有极其严重的社会危害。同时，恐怖活动又是一种古老的犯罪现象，有着悠久的历史谱系，[①] 其产生、发展也有着深刻复杂的根源，政治与经济、民族与宗教、历史与现实等多种因素相互交织，对恐怖活动的治理和预防也必将是一场任重道远的持久斗争。我国检察机关作为国家的法律监督机关和重要反恐力量，在惩治、预防涉恐怖犯罪（含极端主义犯罪，下同）及相关社会治理中发挥着不可替代的作用。新时代的反恐维稳工作正在实现由稳向治的转变，并在工作目标、工作理念、工作模式、工作内容等方面作出相应调整。检察机关应积极主动适应这一转变调整，在习近平法治思想指导下不断提升政治站位，探索反恐维稳法治化常态化的有效机制和实现路径，以检察"小窗口"融入国家反恐治理、维护社会稳定"大格局"。

---

* 许永强，最高人民检察院第二检察厅二级高级检察官，法学博士，全国检察业务专家；王宏平，北京市人民检察院第二分院第二检察部副主任，法学博士。
① 周展等编著：《文明冲突、恐怖主义与宗教关系》，东方出版社2009年版，第14页。

一、我国反恐维稳工作的新形势新特点

20世纪90年代以来，境外恐怖主义、极端主义思潮逐步渗透、"回流"入我国，引发个别恐怖组织在我国实施了一些恐怖活动，给各族人民生命财产和社会安全稳定带来极大损害。面对恐怖主义的严重威胁，我国将反恐怖主义纳入国家安全战略，在全国范围内特别是新疆开展严厉打击暴力恐怖犯罪专项行动，经过持续多年的努力，有效遏制了暴力恐怖活动多发势头。2010年、2014年、2020年先后召开的三次中央新疆工作座谈会，确立了党的治疆方略，并将反恐维稳工作列为推进国家治理体系和治理能力现代化的重要内容。新时代反恐维稳工作在习近平法治思想指导下，正在实现由稳向治的转变，并在工作目标、工作理念、工作模式、工作内容等方面作出相应调整，不断推进反恐维稳法治化常态化进程。

（一）暴力恐怖犯罪得到有效遏制

2014年，鉴于新疆地区反恐维稳的严峻形势，我国开展了严厉打击暴力恐怖犯罪专项行动，贯彻"打早打小、露头就打"方针，有效遏制了恐怖主义和极端主义势力的嚣张气焰。据统计，2014年至2018年，新疆打掉暴恐团伙1500多个，抓获暴恐人员近1.3万人，缴获爆炸装置2000多枚，查处非法宗教活动4800多起、涉及3万余人，收缴非法宗教宣传品34万余件。[①] 2017年至今，我国境内基本没有发生较大的暴恐事件。

（二）涉恐怖犯罪结构发生变化

近年来，虽然我国暴力恐怖活动已很少发生，但并不意味着整个恐怖类犯罪已销声匿迹。事实上，随着2015年刑法修正案（九）增设

---

① 国务院新闻办公室：《新疆的反恐、去极端化斗争与人权保障》，人民出版社2019年版，第20页。

有关涉恐怖犯罪罪名，即将之前作为预备犯、帮助犯的行为以及部分抽象危险的涉恐怖行为直接作为单独犯加以处罚，[1]涉恐怖犯罪的结构也发生了变化，呈现多种形态。从案件类型上看，当前涉恐怖犯罪罪名较为集中，主要涉及刑法第120条之三和第120条之六，即宣扬恐怖主义、极端主义、煽动实施恐怖活动罪与非法持有宣扬恐怖主义、极端主义物品罪，为教唆型和持有型犯罪。

（三）涉恐怖犯罪地域差异性较为明显

当前我国涉恐怖犯罪主要集中在新疆。"乌鲁木齐7·5事件"以来，新疆作为反恐维稳的前沿阵地和防控重点，着力开展了一系列防范、打击恐怖活动及去极端化对策措施，投入大量反恐专业力量以及物防、技防设施，反恐维稳局面得到较大改善。虽然近年来没有发生较大的暴力恐怖犯罪，但其他类型涉恐怖犯罪仍处于常发状态。从罪名来看，涵盖了刑法第120条和第120条之一至之六的全部7个罪名，其中以组织、领导、参加恐怖组织罪和非法持有宣扬恐怖主义、极端主义物品罪2个罪名居多。其他省份面临的反恐维稳压力小于新疆，且滋生恐怖主义、极端主义的民族宗教因素较为薄弱，发生涉恐怖犯罪的规模类型等亦与新疆存在较大差别，多以非法持有宣扬恐怖主义、极端主义物品罪，宣扬恐怖主义、极端主义、煽动实施恐怖活动罪为主。可见，新疆的反恐维稳形势依然严峻，潜在的犯罪形态随时有可

---

[1] 一是处罚的提前化，即将以前作为预备犯、帮助犯的行为作为单独犯加以处罚，如刑法第120条之一规定的帮助恐怖活动罪、第120条之二规定的准备实施恐怖活动罪，以及第120条之三规定的宣扬恐怖主义、极端主义、煽动实施恐怖活动罪；二是处罚的扩张化，即改变原来的结果犯或者情节犯的立法模式，而将需要处罚的行为直接规定为行为犯即抽象危险犯，如刑法第120条之四规定的利用极端主义破坏法律实施罪，第120条之五规定的强制穿戴宣扬恐怖主义、极端主义服饰、标志罪。

能向暴力恐怖犯罪转变。

二、当前反恐维稳工作中存在的难点问题

1990年至2016年,"三股势力"在新疆等地共制造了数千起暴力恐怖案(事)件,造成大量无辜群众被害,数百名公安民警殉职,[①] 给各族人民生命财产和社会安全稳定带来极大损害。面对恐怖主义的严重威胁,我国持续加强反恐刑事立法并出台反恐怖主义法,不断织密反恐法网,采取"零容忍"的决心和态度依法从重从快惩治暴力恐怖犯罪,取得了突出成绩。随着反恐维稳形势不断发展变化,当前司法实践中也存在一些难点问题。

(一)落实宽严相济刑事政策尚需进一步具体化精细化

由于涉恐怖犯罪具有极其严重的社会危害性,各国刑事政策均持从严打击态度,我国亦对其从严从重惩治。但涉恐怖犯罪既有以危害国家安全、公共安全为主观目的的犯罪,也有仅出于好奇、刺激、炫耀等主观目的的犯罪;既有以组织、领导、参加恐怖组织及其他暴力行为为特征的犯罪类型,也有以宣扬、煽动、准备、持有、穿戴等为主要行为特征的犯罪类型;既有首恶分子、教唆胁迫他人者、与境外恐怖组织相互勾连者等罪行重大的骨干成员,也有被胁迫、蒙骗等参与犯罪的一般成员。实际办案中,有些地区和部门对宽严相济刑事政策理解适用不够全面准确,将其解读为不分情况、不加区别地一律从严,存在扩大化解读,未能完全体现重点打击极少数首恶分子、争取绝大多数的政策导向,不利于有效分化瓦解恐怖主义、极端主义犯罪势力和激励行为人改过自新。

[①] 国务院新闻办公室:《新疆的反恐、去极端化斗争与人权保障》,人民出版社2019年版,第13页。

实务研究

刑事政策决定了犯罪圈、刑罚圈的大小。圈划得太小，惩治面过窄，可能遗漏某些罪犯，导致"漏网之鱼"逃脱，不利于社会安全稳定；圈划得太大，打击面过宽，容易把一些可教育改造转化者推向社会对立面，还可能导致重刑化倾向。上述两种倾向均偏离了宽严相济刑事政策的基本精神。此外，重刑化可能在短时期内有效，但一段时间之后，不但犯罪率会有所反弹，而且由此产生的不良社会影响也会浮出水面。世界范围内反恐刑事政策正反两方面的经验教训也证明，过分强调严厉的刑事政策不仅难以遏制涉恐怖犯罪，还可能激化社会矛盾。同时，恐怖犯罪分子也会利用这一点，将刑事犯罪美化为政治斗争或者民族解放斗争，以自由斗士、解放者的身份自居，从而达到混淆视听、获取支持的目的。[1]刑事手段只是社会治理诸多方式中的一种，对涉恐怖犯罪的社会治理应当注重政治、经济、文化、法律、外交、军事等多种手段的综合运用。

（二）执法司法履职能动性发挥不够充分

对涉恐怖犯罪的惩治是一个系统工程，需要有关执法司法部门共同推进、形成合力。由于多方面原因，有关执法司法部门履职的能动性发挥仍不够。以检察机关为例，一般表现为办案主要依赖于公安机关的移送，按部就班、被动等待多，主动沟通、适时介入少。目前检察机关对于犯罪事实清楚、证据确实充分的案件，虽然可通过批准逮捕、提起公诉来实现对涉恐怖犯罪的惩治，但积极主动发挥法律监督职能不够，参与反恐维稳法治化常态化及社会综合治理等方面工作做得不足。

检察职能具有复合性，不仅具有审查逮捕、审查起诉等惩治功能，

---

[1] 刘志伟等：《反恐怖主义的中国视角和域外借鉴》，中国人民公安大学出版社2019年版，第36页。

还具有诉讼监督、公益诉讼、社会治理方面预防、保护、监督等功能。这些检察职能具有鲜明的能动性，不依赖于具体犯罪发生即可主动履行。即使没有涉恐怖犯罪个案进入诉讼程序，但只要存在滋生涉恐怖犯罪的各种因素，预防和治理就是一项紧迫任务。在涉恐怖犯罪由暴力形态向多种形态转变、犯罪方式由线下活动向"线下+线上"活动转变的当下，检察机关反恐维稳应当更加强调检察职能履行的能动和灵活，反映司法能动的因子，[1]推动建立与公安、法院、司法行政、民族、宗教、宣传、教育、文化、广电等部门日常协作机制和有关信息共享平台，开展反恐法治宣传教育，预防恐怖思想渗透传播，共同夯实反恐维稳的基础，这是检察履职能动性的应有之义。

（三）推进国家治理体系和治理能力现代化的力度亟待加强

当前，涉恐怖犯罪网络化特征愈加明显。此类犯罪主要采取以下方式：一是通过网络社交软件下载、分享含有涉恐怖信息的音视频，或者上传至网络储存空间。二是通过微信公众号、论坛等新型媒体发布涉恐怖信息的音视频。网络化时代涉恐怖犯罪主要依托互联网平台进行传播、散布，宣扬恐怖主义、极端主义物品一般也以电子信息方式存在，且具有复制难度小、传播速度快、扩散范围广等特点，社会危害性更大。只有在网络空间彻底清除这些物品才能真正实现办案目的，否则案件办结后其仍可能"死灰复燃"，继续造成危害。

对此，检察机关必须跳出"就案办案"的思维，着力解决涉恐怖犯罪案件背后涉案单位预防机制不健全以及行业主管部门对管理监督漏洞重视不够等问题。目前此方面存在的问题主要表现在：一是督促互联网平台清理宣扬恐怖主义、极端主义电子信息的力度不够。互联

---

[1] 张雪樵：《从独白走向对话——检察调处权配置的能动之维》，载《人民检察》2011年第2期。

网平台运营公司在协助查清涉案宣扬恐怖主义、极端主义电子信息的来源路径，深挖上游犯罪、彻查下游犯罪方面具有"把守第一关"的重要作用，加强与互联网平台的协作配合，督促其履行网络安全管理义务，对于从源头上治理涉恐怖犯罪、杜绝涉恐电子信息的恶性蔓延、巩固扩大惩治效果具有重要意义。司法实践中，一些办案人员对此认识不足、重视不够，结合所办案件对相关互联网平台制发检察建议的工作力度不大，未能有效督促互联网平台清理宣扬恐怖主义、极端主义电子信息，加强网络安全管理，堵塞相关漏洞。二是监督网信、文化、民族、宗教等职能部门履行恐怖活动预防、管理职责不够。实践中，检察机关在办理涉恐怖犯罪案件中较少积极主动发现上述部门的监管漏洞，也较少依托检察办案制发检察建议督促其履行监管职能。

三、检察机关反恐维稳法治化常态化的实现路径

三次中央新疆工作座谈会的顺利召开和持续推进，特别是习近平总书记对反恐维稳工作发表的一系列重要讲话和作出的指示批示，为建构新的反恐维稳战略格局、推动反恐维稳法治化常态化指明了方向，提供了基本遵循。反恐维稳工作，常态化必须法治化，法治化才能常态化。检察机关要深入学习贯彻习近平法治思想和习近平总书记的重要讲话、指示批示精神，用于指导检察反恐维稳工作，通过正确履行检察职责，法治化常态化开展反恐维稳斗争，坚决维护社会稳定和长治久安。

（一）全面准确理解适用宽严相济刑事政策

坚持区别对待，要根据行为人的客观行为、主观恶性、犯罪情节以及在共同犯罪中的地位、作用等情况，综合判断行为人的责任轻重和刑事追究的必要性，按照区别对待原则分类处理涉案人员，做到当

严则严、该宽则宽，罪责相应、罚当其罪，避免罪刑失衡。坚持严格依法办案，准确把握事实、证据和法律适用标准，既不人为拔高、一律从重，也不随意降格、放纵犯罪。根据反恐维稳形势变化，在法律规定的范围内，全面准确适用宽严相济刑事政策。

对于罪行较重但具有法定从宽情节的，可以依法从轻处罚；对于罪行较轻但具有法定从重情节的，依法予以从重。对于主观恶性大、犯罪手段残忍、罪行严重的，应当依法从重处罚、绝不手软；对于因被胁迫、蒙骗等而实施犯罪，或者具有其他从轻、减轻处罚情节的，应当体现从宽，予以区别对待。

办理涉恐怖犯罪案件同样要体现，甚至应当更加强调最大限度教育挽救大多数的原则。一方面，对于社会危害性、人身危险性和主观恶性较小的犯罪人，应予以较轻的处罚，为其提供一个改过自新、回归社会的机会；另一方面，应分化瓦解恐怖组织，促使被胁迫、蒙骗等涉恐人员幡然悔悟、自首坦白、认罪悔罪乃至检举揭发相关涉恐怖犯罪，并接受处罚和矫正。对于符合从宽处罚条件的，应积极适用认罪认罚从宽制度，加强羁押必要性审查。可通过听证方式听取公安机关、基层组织的意见，既防止和纠正"构罪即捕、捕则必诉、判则顶格"，也要防止和纠正与过去所办案件差距过大。做好不捕不诉后续工作，健全完善不捕不诉风险防控和保障机制，跟踪做好教育转化和稳控工作，促使不捕不诉人员改恶从善，严防其再次参与涉恐怖违法犯罪。同时，检察机关在办案中还应注重加强与相关职能部门的沟通协调，统一执法司法尺度和办案标准，切实防止同案不同罚、同案不同判。

（二）积极主动充分履行各项检察职能

法律是社会控制的一种手段，现代社会是通过规则体系来实现良

实务研究

法善治,但善治从来都不是靠法律手段"单打独斗"的,而是靠多重社会治理手段集体发力、相互配合。美国社会学家布莱克在《法的运行》中得出这样一个公式:"法律的变化与其他社会控制成反比",换言之,一个社会中法律的数量增多,其他社会控制手段的数量就会减少,反之亦然。①这个公式从侧面表明,刑法(法律)并不是解决恐怖主义犯罪的主要途径,更不是彻底治理恐怖主义犯罪的"灵丹妙药","希望通过刑法干预解决恐怖主义犯罪,是对刑法功能的过度期望。过分强调刑法对恐怖主义问题的介入,有可能排挤其他方式参与恐怖主义治理的应然空间"。②对犯罪治理而言,应防患于未然,事前预防永远要优于事后惩罚。治理恐怖主义应当更加注重综合手段的运用,而非过度倚重刑法手段。

恐怖活动是恐怖主义的外在表征,恐怖主义、极端主义思想是恐怖活动的内在根源。思想问题很难通过外在强力予以解决,清除恐怖主义、极端主义思想,需要更多依赖于经济、文化、教育等非刑法手段的综合运用。对检察机关而言,既应重视从严惩治涉恐怖犯罪特别是可能出现的暴力恐怖犯罪,也应注重非刑法手段的运用,充分发挥预防、监督等职能的治本作用。一是主动履行预防职能,广泛开展反恐法治宣传教育。应贯彻落实"谁执法谁普法"普法责任制,深化检察环节反恐法治宣传教育,广泛宣传恐怖主义的本质、危害以及反恐怖法律法规,增强人民群众对恐怖主义、极端主义的警惕性和辨别力,鼓励群众积极配合、主动参与到反恐怖主义斗争中,共同筑牢反恐维稳人民防线。二是积极履行监督职能,探索反恐怖领域检察公益诉讼。涉恐怖犯罪关乎国家安全和公共安全,国家安全和公共安全是人民群

---

① 胡水君:《法律疏密与社会治乱》,载《读书》2004 年第 8 期。
② 何荣功:《"预防性"反恐刑事立法思考》,载《中国法学》2016 年第 3 期。

众最直接、最大的"公益"。探索推进在反恐怖领域提起检察公益诉讼，对于健全完善公益诉讼检察制度，保护公共安全具有积极意义。针对与涉恐怖犯罪紧密相关的重点区域、重点环节，如火车站、汽车站、商场等人员密集场所，爆炸物、燃气、汽油等其他危害品生产、运输、存储环节，对于相关部门不履行监管职责或者履行职责不到位，致使发生涉恐怖违法犯罪的，检察机关可通过制发诉前检察建议督促其依法履行监管职责；对于拒不整改或者整改不到位的，可探索提起行政公益诉讼。

（三）提升推进国家治理体系和治理能力现代化水平

在推进国家治理体系和治理能力现代化进程中，检察机关应当充分发挥法律的刚性和柔性功能，依法从严惩治涉恐怖犯罪就是刚的一面，而依托所办案件向相关单位制发检察建议促进治理，则是柔的一面。涉恐怖犯罪的发生一定程度上反映出反恐维稳社会治理方面存在的短板和缺陷。反恐维稳工作的最终成效，不仅要看从严惩治的办案情况，更要看是否通过预防、监督有效堵塞了漏洞。因此，检察机关应跳出办案看办案，以更高的视角看待综合治理手段在反恐维稳工作中的重要作用，树立社会治理意识，结合所办案件深入剖析涉恐怖违法犯罪的主要特点、发案规律及深层次原因，查找制度缺陷和监管漏洞。一方面，积极向涉案单位以及相关反恐怖职能部门提出检察建议，促进堵塞漏洞、完善内部风险防控管理机制，从源头上预防和减少恐怖主义犯罪行为的发生；另一方面，综合运用专题报告、信息简报、综合通报、白皮书等，及时向党委、政府和主管部门提出对恐怖活动风险的预测预警及应对风险的意见建议，同时在加强宣传教育、提升文化软实力、反恐维稳专业化建设、强化国际合作等方面加大工作力度，不断提升反恐维稳治理体系和治理能力现代化水平。

法律人说

Falvren Shuo

能动司法的司法能动

余双彪[*]

能动司法、积极履职、主动作为，是近年来检察机关大力提倡的一个十分重要的司法理念。在《布莱克法律词典》中，能动司法是指与司法克制相对应的一种司法哲学，它认同司法官员在司法处断过程中依法律按照自己关于公共政策以及其他现象的个人观点来主导判决和作出司法决定。检察机关所倡导的能动司法，不涉及司法权力的扩张，更多的是努力履行好宪法法律赋予的司法职能，是在法治原则、法律规定的职权范围内履职上的一种能动和主动作为。

能动司法是现代司法发展的重要趋势。司法的被动性一直被认为是司法的重要特征。人们普遍认为，司法是国家司法机关使用法律解决纠纷的专门活动，它不同于立法和行政，具有被动、中立、法定和终局的特点。基于此，司法权在实际运作中往往采取一种自我克制的立场，这种立场被认为是司法的常态，是司法的一般规律。法国思想家托克维尔就说，从性质上看，司法权自身不是主动的，要想使它行动，就得推动它。被动性，被认为是司法权运作最为基础、最具标识意义的属性。正是由于被动性对于司法权运作的重要性，人们时常会把司法克制的要求直接等同于司法权被动行使的要求，并提升为一种

---

[*] 余双彪，最高人民检察院办公厅，法学博士。

传统而经典的保守主义司法哲学。因此，谈及能动司法，就要理解和明晰现代司法发展的方向。与传统的司法应当恪守自己的边界，不主动关切和参与其他事务，在案件处理中也无须关注案件所涉的社会及政治因素的司法克制主义不同，司法能动主义实际上越来越为大家所接受。西方国家有学者就把能动司法分为违宪审查意义上的司法能动主义和实用主义、现实主义的司法能动主义等，霍姆斯、卡多佐、庞德、波斯纳等西方法学名家都支持这种观点。他们认为，在司法的目的上，司法的一切活动都必须从属于社会目标的实现；司法的判断上，要充分考量案件所关涉的多种价值、规则及利益；司法的方式上，必须灵活运用各种方式，而不能机械司法；司法的姿态上，不是被动消极面对各种诉讼，而是从更好的结果出发主动作为。有些国家即便没有公开主张司法能动主义，但在司法实践中体现司法能动主义的案例比比皆是。虽然我国与西方国家体制不同，但是人类共同的法治文明成果可以互相借鉴。能动司法就是一个符合司法规律的法治文明成果。习近平总书记深刻指出，法律的生命力在于实施，如果有了法律而不实施，或者实施不力，搞得有法不依、执法不严、违法不究，那制定再多法律也无济于事。习近平总书记的要求，实际上就是对能动司法的要求，强调法律必须实施到位。近年来的一系列社会关注的案件，如昆山龙哥案、杭州余杭的自诉转公诉案件等，办理案件取得很好的社会效果，都是积极主动司法、司法能动履职的生动体现。

　　能动司法是中国特色社会主义制度在司法领域的重要体现。在中央全面依法治国工作会议上，习近平总书记明确指出，要积极回应人民群众新要求新期待，系统研究谋划和解决法治领域人民群众反映强烈的突出问题，不断增强人民群众获得感、幸福感、安全感，用法治保障人民安居乐业。这一重要指示，鲜明体现了能动司法的要求。检察机关是党绝对领导下的政法机关，首先是政治机关，就要主动创新、发展，主动服务保障经济社会高质量发展，而不能形式主义地消极被动。与国外相比，能动司法是中国特色社会主义司法制度、检察制度的一大特色，是习近平法治思想在检察司法领域的生动体现。事实上，能动司法伴随着人民检察制度的起源而一直有所体现。早在1931年，中华苏维埃共和国临时中央政府成立时，中央工农检察人民委员部就设置了控告箱，箱子正方就有这样一段话："各位工农群众们……什么事情都可来这里控告……"史为今用，检察制度初创时期，我们的检察司法就是要主动为人民服务，就有别于西方国家的司法检察制度。近年来检察机关大力推进的"群众信访件件有回复"工作，得到了社会各界的高度赞誉，这本质上就是一种能动司法，体现了司法能动主义下的主动履职更能得到人民群众的认可。试想，如果固守司法被动的观念，不主动作为，简单地依照法条规定，收到的群众信访不属于检察机关管辖的就推出去，人民群众肯定不会满意，与我们党全心全意为人民服务的宗旨、以人民为中心的要求背道而驰。

能动司法契合我国传统文化和人民群众对司法的期盼。中国特色社会主义国家制度和法律制度，植根于中华民族五千年文明所积淀的深厚历史文化传统。就我国的文化传统看，人民群众对司法有着自己的定位和理解，对实体正义的诉求远远超过对程序正义的追求。只要认为案件不公，无论经历多久，都期望有一个公正的结果。近年来，检察机关针对一些行政诉讼得不到实体审理致程序空转问题，部署开展行政争议实质性化解专项行动，实际上就是回应人民群众需求，是能动司法、积极履职的重要体现。包括巡回检察制度，是检察机关根据实践需要积极探索创造出来的，是检察机关主动担当的有力佐证。人民群众对司法的期许，要求我们不能固守司法的被动性，认为只要简单地依法办就行，而必须考虑如何更加积极作为，实现更好的司法办案效果。实际上，能动司法更有助于实现司法进步、司法民主、司法文明。能动司法并不是回到过去司法职权主义的老路。从经济社会发展看，能动司法是我国深化司法体制改革的一种延伸、补强和完善。能动司法还是被动司法，说到底就是看是不是解决实际问题，能不能更好地解决实际问题。对于当事人而言，不管什么主义、类型，更多关注的是司法是否解决他（她）遇到的难题。司法因时、因事而动。从这个角度上说，相对于被动司法，能动司法更能彰显司法的文明和进步，更能实现司法本质和解决纠纷的司法目的。被动司法有其历史缘由和时代背景，但时过境迁，时代的发展要求司法更加积极主动发挥作用，更好地实现社会"稳定器"的作用。

能动司法，其实就是要求司法机关站在历史长河中思考，以积极的司法履职、司法能动更好地为大局服务、为人民司法。无论是国外，还是国内，司法能动主义都认为单一的法律维度难以对复杂的现象作出合理和恰当的评价，鉴别是非或者权衡利弊也不能仅仅依凭法条确定的标准。亦即司法的功能不在于简单地找寻和发现案件事实与法条的对应，更在于追求和实现司法所承载的社会和经济目标。在法律维度之外，政治规则、道德伦理、民间规诫、风俗习惯等都应作为司法决定的参考因素。能动司法落在实践中，就是要求司法能动，在法律规定的职权范围内，以人民为中心为导向，把工作做得更好。

能动司法下的司法能动，更新检察理念是基础。理念一新天地宽。司法能动，首先观念上就要变"被动"为"能动""主动"。如新冠肺炎疫情初期，党中央对防控的要求是"严格依法"。在突如其来的情况面前，如果没有深刻学习领会严格依法的内在含义，没有体悟到只有依法战"疫"才能最大限度凝聚共识，形成最大公约数，就有可能一切从重，机械司法。检察机关积极主动，超常规以每周一批的频率，发布10批55个在办典型案例，及时指导涉疫案件刑事追诉，同时警示教育社会，满足疫期维护社会秩序紧迫需要，体现了司法能动，得到了充分肯定。司法能动，要求每一检察人员都深入学习掌握习近平法治思想的基本精神、核心要义，自觉从中探寻创新推进工作的思路、方法，实现司法检察理念深化变革，进而指导司法实践创新发展。

能动司法下的司法能动，贴近大局融入大局是关键。司法能动，就要求司法的目光不能仅仅聚焦在个案上，而要围绕中心、服务大局，聚焦社会发展对司法有什么样的新要求上。司法能动，服务大局，这也是我国司法制度有别于国外司法制度的重要特征，是中国特色社会主义司法制度优越性的重要体现。如涉及未成年人保护的"一号检察建议"，源于一起老师涉嫌性侵学生案件。"一号检察建议"持续抓下去后探索的强制报告制度、入职查询制度，都被吸收到修改后的未成年人保护法中，得到广泛认可。如通过司法救助助力脱贫攻坚，把党的司法救助政策用足用好，坚决防止因案致贫返贫，更是得到了一致好评。这些服务大局的举措并非脱离了司法的本职，而是在履行好职责的基础上，延伸司法职能，让司法在社会发展中发挥更重要的作用。

能动司法下的司法能动，主动回应社会关切是内核。回应社会关切，自觉主动、担当作为，是能动司法的应有之义，其实质就是民有所呼，司法要有所应，把履职自觉融入新时代人民群众在民主、法治、公平、正义等方面的新需求中。回应关切，最重要的就是要有司法敏锐性，进行检察工作供给侧改革，在群众、社会未必提出这样的需求，或者宏观上有这样需求的时候，就要思考怎样主动回应社会关切，让社会知道还有这样的"司法供给"、司法产品、检察产品。如向社会公布全国检察机关每季度、每半年和全年办案数据。人民群众未必提出这样的要求，但实际上需要这样的检察产品，让大家能够以此判断法治社会建设的成效和需要改进的不足。主动回应社会关切，特别是要注重办好每一个案件。司法实践中，90%以上的案件属常见多发，但每一起案件都连着民心、政治，对涉案人及其家庭来说都是"天大的事"。天大的事，就要求我们决不能只守住形式"不违法"的底线，必须综合考虑天理、国法、人情，努力践行"三个效果"统一的办案标准，让人民群众在每一起司法案件中都切实感受到公平正义。

能动司法下的司法能动，改进办案监督方式是路径。司法能动，如果固守原有的工作模式，很多时候达不到目标、要求。司法能动，就要求我们不能拘泥于常规的工作，主动积极创新工作方式方法。如检察机关提出的"案－件比"，就源于这样的思考：司法案件年年攀升，究竟是实际发生的"案子"多了，还是司法程序反复，统计的"案件"多了？虽然一个时期实际发案上升是正常的，但不能因释法说理不够，多次退查、延审、复议复核，徒增统计的"案件"、无谓的"程序"。"案－件比"的实施，就是一种工作模式的根本性创新，其背后的哲学基础是如何衡量司法的目标和价值。公正和效率是司法考量的两个重要方面。实际上，效率本身也是公正的体现。信息化时代，司法还固守原有的繁琐程序，必然不能适应时代的发展要求和民众的期许。迟到的正义是正义，但迟到的正义还是民众心中的正义吗？

能动司法下的司法能动，抓基层打基础是保障。司法能动、积极履职，还要求我们始终狠抓基层组织、基础工作和基本能力建设，这也是习近平总书记对平安中国建设的重要批示中特别强调的。检察机关近年来大力推进领导干部带头阅卷办案、领导干部上讲台、检察长列席审委会等基础工作，特别是全面推开检察人员业绩考评，建立以质量、效率、效果为核心的业绩评价指标体系等，都体现了能动积极的狠抓基础性工作的思路。司法本身就是系统工程，办案的前提是保障办案的各方面工作都要有所提升。如果基础性工作没有抓实，司法很难在解决问题上发挥更好的功效。特别是对于整体司法工作而言，司法能动需要全体司法人员业务能力水平的提升，就必须有相应的配套举措为司法履职打下更加坚实的基础。

能动司法，要求司法能动，本质就是自觉履职，更高层面的主动履职，最根本的是必须做到政治自觉、法治自觉、检察自觉，不需要人为的一再部署、每事要求，每个司法人员在日常工作中就自觉把党章党规、宪法法律和各项规定作为遵循，紧紧围绕党和国家中心工作，扎实履行好自己的政治责任、法治责任、检察责任。

《刑事检察工作指导（2022年）》征订单

《刑事检察工作指导》是由最高人民检察院孙谦副检察长担任编委会主任，陈国庆副检察长、张志杰专委担任副主任，张志杰专委担任主编，最高人民检察院第一、第二、第三、第四检察厅联合主办的全国刑事检察业务指导性刊物。

《刑事检察工作指导》坚持以指导刑事案件办理为中心的办刊宗旨，突出理论性与实务性、指导性与交流性相统一，贯彻刑事检察工作政策和理念，突出刑事检察业务特色，传递刑事司法改革方向，探讨刑事理论前沿成果，交流刑事检察实务经验，自2019年创刊以来，确保刊物的高起点、高定位、高质量、权威性，受到全国刑检人员、司法人员、律师、专家学者的广泛关注和普遍好评。

为进一步认真贯彻张军检察长提出的关于"讲政治抓业务强队伍，持续做优做强刑事检察工作"指示精神，实现权威指导，聚焦工作重点，强化实务指引，有效提升刑事检察队伍理论研究能力和专业化建设水平，满足下级院对上级院业务指导需求，《刑事检察工作指导》2022年征订发行工作现已全面启动。2022年全年共出版4辑，每辑定价60元，全年定价240元（免邮资），具体订购方式及回执附后。

《刑事检察工作指导》是刑事检察工作的思想库、能量源、导航仪。各级检察机关刑事检察部门要集思广益、群策群力，下大力气做好学习运用、组织稿件、宣传推广等工作，将本书列为全国检察机关开展刑事检察工作和办理具体案件的必备工作用书和学习资料，切实做好订阅工作。

《刑事检察工作指导》编辑部
2022年6月

2022年《刑事检察工作指导》订购回执单

订购单位名称		经手人		
地　　址		电　话		
单位统一信用代码				
电子发票接收邮箱				
名　　称	定价	订数	金额
2022年《刑事检察工作指导》（1—4辑）	240.00		
国家公诉——共和国70年典型案例及法律文书评析（上下）	268.00		
刑事检察工作文书格式样本	98.00		
刑事重罪办案指引	66.00		
破坏社会主义市场经济秩序犯罪办案指引（即将出版）	160.00		
金融犯罪办案指引	90.00		
侵犯公民人身权利民主权利犯罪办案指引（即将出版）	120.00		
侵犯财产犯罪办案指引	88.00		
妨害社会管理秩序犯罪办案指引	82.00		
有组织犯罪办案指引	80.00		
环境卫生犯罪办案指引	78.00		
毒品犯罪办案指引	138.00		
合计金额（大写）		万　仟　佰　拾　元整
备注：此款已通过银行于　　年　　月　　日汇出				

订购方式说明

第一种　网站订购（www.zgjccbs.com）

　　1. 网站下单，直接在线支付（微信、支付宝）

　　2. 网站下单，银行汇款需备注订单编号后 6 位数字

　　网站订购负责人：张惠 010-86423745 18101137669

第二种　传真订购

　　将书款汇至出版社账号后，发送订书回执单传真至 010-68659465

中国检察出版社账户信息

　　户　　名：中国检察出版社有限公司　　　账　　号：11050164860000000056

　　开户行：建设银行北京西山枫林支行　　行　　号：105100050751

中国检察出版社各省订购负责人：

　　盛丹　010-86423727　18101137660（微信同号）传真 010-68659465

　　（北京、天津、山西、陕西、河北、黑龙江、吉林、辽宁、内蒙古、青海、山东）

　　董艳芬　010-86423726　18101137661（微信同号）传真 010-68659465

　　（河南、浙江、江苏、安徽、上海、福建、甘肃、江西、新疆、西藏）

　　薛建娜　010-86423728　18101137662（微信同号）传真 010-68659465

　　（广东、广西、海南、重庆、四川、云南、贵州、湖北、湖南、宁夏）